宗教のきほん

阿満利麿

歎異抄にであう

NHK出版

宗教のきほん　歎異抄にであう　目次

はじめに

日本人の多くは、「無宗教」だと言います。そのためか、宗教に積極的に関わろうとする人は少数派になりがちです。その理由は、たとえば、寺や教会の信者にならなくても、先祖代々伝わってきた、また地域で長く伝統となってきた「しきたり」にしたがうことで、十分に宗教的心情は満たされるからです。つまり、年始の初詣《はつもうで》、盆の墓参《ぼさん》を初め、「お宮参り」や「還暦の祝い」などの節目の行事もあり、また亡き人をしのぶ法事もめぐってきます。

しかし、人生はいつも平穏であるとはかぎりません。思いもかけない危機が生じたとき、宗教の門をたたくこともあるでしょう。その場合も、寺や教会に出向くこともあれば、宗教的古典を開いて「よりどころ」を見いだそうとすることもあります。『歎異抄《たんにしょう》』は、そうした要求に応じる古典の一つです。

今回は、『歎異抄』を、あえて「無宗教」的精神と対比してみようと思います。と言うのも、『歎異抄』は、「無宗教」的精神とはあまりにも異質だからです。

たとえば、『歎異抄』では、「阿弥陀仏《あみだぶつ》の本願《ほんがん》」という救済原理の理解が不可欠ですが、それは「常識」で簡単に理解できる性質のものではありません。とりわけ、それが「他力《たりき》」と称されると、混乱が生じます。と言うのも、日常の暮らしでは、「他力本願」は、自分で努力することを放棄した、もっぱら他人をあてにする、いわば侮蔑《ぶべつ》の言葉になっているからです。

しかし、『歎異抄』に照らしてみますと、「無宗教」的精神が依拠《いきょ》している「常識」そのものにも限界や問題のあることがはっきりしてきます。また、「他力」の理解を妨《さまた》げている壁がなんであるかもわかってきます。このように、「無宗教」的精神を切り口にすると、今までとは違った『歎異抄』への道が見えてくるように思われるのです。そういう意味で、本書は、「無宗教」を標榜《ひょうぼう》している人たちのための『歎異抄』入門、と言ってもよいと思います。

なお、「歎異抄にであう」の「であう」について、本文では「出遇う」と表記しますが、その意図は、仏教ではあらゆる「であい」が「縁」にもとづく、つまり偶然性による、と教えているからです。

阿満利麿

＊本書はガイドブック「NHKこころの時代
宗教・人生　歎異抄にであう
無宗教からの扉」（2022年4〜9月）に
加筆を行い新たな章を加えて構成したものです。

＊『歎異抄』の引用（原文と現代語訳）は、阿満利麿訳・
注・解説『歎異抄』（ちくま学芸文庫）によります
が、現代語訳を一部改めています。

装丁　成原亜美
ロゴ画　近藤愛
装画　100％ORANGE
DTP　天龍社
校正　香月美紀子
編集協力　鎌倉英也
編集　白川貴浩

第1章

「無宗教」から開く「大きな物語」

「無宗教」という宗教心

日本のある世論調査では、「何か信仰とか信心《しんじん》とかをもっていますか?」という質問に、七十四パーセントの人が「もっていない、信じていない、関心がない」と答えています(統計数理研究所「日本人の国民性調査」二〇一八年)。つまり、七割強の人が「無宗教」だと言うのです。

面白いことに、それでもそのうちの五十七パーセントの人が「宗教的な心」を「大切だ」と思っています(同前)。「無宗教」だけれども、宗教心は大事。これはいったい、どういうことなのでしょうか。

その答えは、「宗教」という言葉の定義の仕方にあると思います。宗教学では、宗教を「創唱宗教《そうしょうしゅうきょう》」と「自然宗教」に分類することがあります。「創唱宗教」とは、教祖、教団、プロの宗教家がいる宗教です。

一方、「自然宗教」とは、地域や家庭で代々伝承されてきた宗教心を伴う習慣などです。ご先祖を大切にするとか、お墓参りを欠かさないとか、村の神社のお祭りに参加するというようなことですね。つまり「いつの間にか自然と身についた宗教」です。自分は「無宗教」だと言う人は、「創唱宗教」からは距離を置きながら、「自然宗教」には親しみを覚えている場合が多いのではないでしょうか。

そもそも「宗教」という言葉は、明治時代にキリスト教を前提に作られた新しい言葉です。一般に「宗教」と言うときは、キリスト教のような「創唱宗教」を指します。となると、暮らしに根差した習慣、風俗である「自然宗教」は、「宗教」には含まれないことになります。実際、「自然宗教」は、学者の間では「民間信仰」などという言葉で表される場合が多いものです。

「無宗教だけれども、宗教心は大事」という多くの日本人の心情は、このような「宗教」をめぐる言葉の定義を検討してみると、おおよそ説明がつくのではないでしょうか。

なぜ日本人に「無宗教」が多いのか

それにしても、多くの日本人はなぜ「無宗教」を標榜するのでしょうか。

とりわけ「無宗教」に関して、大きな問題があります。それは、「無宗教」という言葉が日本社会でしか通用しないことです。外国では、「無宗教」という人がほとんどいないのです。と言うのも、「無宗教」という言葉は、日本が近代国家として出発する際、諸々の特殊な事情によって生み出されたものだからです。

明治新政府は、天皇を日本国の唯一の主権者と位置づけ、天皇を中心として国の統一を図ろうとしました。その際、先ほどの定義で言えば、国家が「創唱宗教」を作ろうとしたのです。『古事記』や『日本書紀』を聖典とし、天皇を教祖として、全国の神社と神官を組織したものを教団とする。その、いわゆる「国家神道《こっかしんとう》」という「創唱宗教」を軸に近代日本を牽引《けんいん》しようというのが、支配者たちの考え方でした。

そうなると、天皇の日本国支配の正統性をいかに確保するかということが、政府の重要な関心事となります。そのとき、一番問題になるのは、同じ「創唱宗教」の存在です。仏教やキリスト教といった既存の「創唱宗教」に「国家神道」を脅《おびや》かされないように、政府はさまざまな楔《くさび》を打ちました。

最大の楔は、「信仰心や宗教心というものは個人の内面にとどめておくべきである」としたことです。宗教というものは「私事である」と限定して、社会的に広まる芽を摘《つ》んでしまったわけです。

そのうえで、「国家神道」とは「国家の掟《おきて》」だという考え方を広めました。「あれは宗教ではなく、国家の掟だから、憲法の信教の自由を侵《おか》すことにはならない。臣《しん》民《みん》たちがそれに服するのは当たり前だ」と謳《うた》ったのです。こうして、「国家神道」と呼ばれる「創唱宗教」は、「宗教ではない」ということになりました。

明治政府がさまざまな手段を講じて神道国教化を進めたことで、民衆は宗教に対して漠然とした不安をもつようになりました。「宗教というのは、なんだか恐ろしいものだ」「宗教には近づかないほうがいい」という意識が日本人に根づいたのです。このような状況がいろいろ積み重なって、「無宗教」という言葉が、私たちの社会で大手を振って歩くようになったのだと思います。

非常時にわかる「無宗教」の危うさ

「無宗教」を自認する人の多くは、「創唱宗教」に対して構えた姿勢でいる、いわば「創唱宗教嫌い」です。その背景には、オウム真理教事件などの影響により、特定の宗教や宗派に経済的に搾取《さくしゅ》されたくない、また自分の考えを揺さぶられたり束縛されたりしたくない気持ちがあると思います。

今の自分の考え方は、いろいろ問題があるかもしれないけれど、自分なりに人生を歩んでいる。だから今の人生観でいいのだ、十分なのだ。そのような意識が、「無宗教」の人の姿勢に隠れているように思います。

しかし、それは非常に消極的な姿勢ではないでしょうか。自分の身の安全を図るために、危険なものには触れない。それはそれで有益に思えますが、宗教の本質を知ったうえでの選択ではありません。「宗教とは何か」という問題を突き詰めて考える機会を、明治以降、日本人は一度も与えられてこなかったと言えるでしょう。ですから、「創唱宗教」の教える救済思想と向き合う経験が不足しているのです。

平生《へいぜい》であれば、「創唱宗教嫌い」でも、自分なりの考えで人生に意味を見いだすことはできるでしょう。たとえば、子どもの成長に合わせて自分たち夫婦の人生設計をする。仕事で「次はこういうことをやってみよう」と将来の展望を広げる。年老いた親を介護しながら、どのように対話するかを考える。私たちは、そういった「小さな物語」をつなぎ合わせて、人生の意味を自分なりに確かめているのです。

しかし、人生には思わぬ出来事が、まま起こります。危機的な状況に陥《おちい》り、「小さな物語」が破綻《はたん》すると、人生観が揺さぶられて、何を頼りに生きていけばいいかわからなくなる。自分だけの考えは役に立たないと痛感せざるを得ないのです。

私の知人から聞いた話です。彼は若い頃に「二つの棺《ひつぎ》」を出したことがあると話してくれました。自分の子どもが交通事故にあって亡くなってしまった日に、自分の母親が、孫の死を悲しんで命を断ってしまった。だから、同日に小さな棺と大きな棺を出した経験がある、という話でした。

このとき、彼はこんな思いを強く抱いたそうです。娑婆《しゃば》（現実世界）とは、なんと頼りにならないものか、何が本当に頼りになるのか、と。

彼にかぎらず、常識では解決できない苦しみや不条理を経験することが、人生にはあります。それによって、私たちは「どうすればこの状況に納得できるのだろうか」ということから、「人生を支える意味はどこにあるのだろうか」という根本的なことまで問わざるを得なくなります。

そのとき、最も頼りにできるものは何か、と改めて考えてみても、手がかりがありません。「自然宗教」は、危機的な状況に対しては、ほとんど無力です。穏やかな暮らしの中では、ご先祖に手を合わせることで安心感が得られるでしょう。しかし、ひどい状況の中では、「自然宗教」的な安心のもち方だけでは解決しないことが多いのです。

そういうときにどうすればいいか。「創唱宗教」は、いろいろな方法を語っています。宗教団体に所属している人は、それを知ることができますが、教団に入らない「無宗教」の人にとっては、やはり手がかりがありません。その役割を果たしてくれるのが宗教的古典だと思いますが、とりわけ『歎異抄《たんにしょう》』だと、私は言いたいのです。

人生の危機に必要な「大きな物語」

『歎異抄』は、七百年以上前の鎌倉時代に成立した、親鸞《しんらん》（一一七三〜一二六二）

の言行録です。著者は長い間不明でしたが、大正時代に親鸞の弟子・唯円《ゆいえん》（一二二一？〜八九？）という人物らしいとわかりました。

「小さな物語」が破綻したとき、思いもかけず支えとなってくれるもの、それが『歎異抄』だと私は思っています。『歎異抄』は、「無宗教」を標榜する精神が行き詰まったときに、新たな視点を提供してくれる「大きな物語」なのです。

人生には「小さな物語」だけではなく、どうしても「大きな物語」が必要な状況があります。「大きな物語」というのは、人間と人生に究極的な意味を与えるもの。従来の言葉で言えば、宗教です。「創唱宗教」と言えればいいのですが、日本人は宗教という言葉にとても警戒心をもっています。だから、私は「大きな物語」という言葉に置き換えることにしています。

「大きな物語」の特徴としてあげられるのは、常識的な考えを超越している点です。時間軸にしても空間軸にしても、まったく常識を超えています。

たとえば、仏教でよく言われる「劫《こう》」という時間の単位があります。一辺七キロメートルの立方体の中にぎっしり詰められた芥子粒《けしつぶ》を、百年に一度、一粒ずつ取り出した場合、全部の芥子粒がなくなってもまだ終わらない時間が、一劫《いっこう》です。常識では考えられないような、とてつもなく長い時間ですね。たとえばそういう時間軸を使って、人間のあり方を吟味《ぎんみ》していくのが「大きな物語」です。

なぜ、こんな非常識な概念をもち出すのかと言えば、私たちが直面する人生の問題は常識で解くことができないからです。常識を超えた智慧《ちえ》でしか、「小さな物語」の破綻によって生じる問題は解決できないのです。

「凡夫」だからこそ『歎異抄』を読む

「小さな物語」の破綻を経験した人は、「大きな物語」の常識を超えた智慧に興味をもつでしょう。しかし、「小さな物語」で充足している人は、「大きな物語」を単なる神話以上に思えないかもしれません。あまりにも常識はずれなので、辟易《へきえき》してしまうのです。それが「無宗教」の人の大半であろうと思います。

しかし、「無宗教」には限界があります。宗教嫌いというだけで、人生の究極的な意味づけを宙に浮いたままにしているのは、やはり消極的すぎる。常識の世界だけで思考を停止しているとも言えます。それで人生を十分に生き切れるでしょうか。物理的には生きられますが、自分が納得して人生を終えていくことは、難しいのではないでしょうか。

そこで、「無宗教」から一歩踏み出すことが大切だと、私は言いたいのです。「無宗教」をやめるのではなく、「無宗教」的なあり方を認めながら、しかし「無宗教」では解決できないような問題を解決する智慧を目指していく。そういう立場を、『歎異抄』という書物は非常に鮮明に打ち出していると思います。

「無宗教」的精神というのは、仏教で言えば「凡夫《ぼんぶ》」のことです。「凡夫」というのは、自我のために欲望を動員し、他者のことがあまり見えず、どこまでも自己の優越を主張するあり方に終始する存在です。

「凡夫」にとっては自分が一番大事ですが、問題はその自我が不安定そのものだという点にあります。条件次第でどのような動きをするか、本人にもわかりません。『歎異抄』は、そういう「凡夫」のための救いを説いています。

「無宗教」の人は、たとえば次のような文章を読むと、ホッとするのではないでしょうか。『歎異抄』第九条の冒頭です。

念仏《ねんぶつ》まうしさふらへども、踊躍歓喜《ゆやくかんぎ》のこころ、をろそかにさふらふこと、またいそぎ浄土へまいりたきこころのさふらはぬは、いかにとさふらふべきことにてさふらふやらんと、まうしいれてさふらひしかば、親鸞もこの不審《ふしん》ありつるに、唯円房おなじこころにてありけり。

（現代語訳）

私（唯円）には、念仏を申しましても、躍《おど》りあがるような喜びの心はなかなか生まれませんし、また急いであこがれの浄土《じょうど》へ参りたいという気持ちもないのです。いったいこれは、どうしたことなのでしょうか。このように親鸞聖人《しょうにん》に申しあげましたところ、親鸞聖人は、次のように答えられました。私も同じような疑いを抱いて今に至っています。あなたも同じだったのですね。

念仏を称《とな》えていても喜びの心はなく、浄土に急いで行きたいという気持ちもない。このように訴える唯円に、親鸞は「私も同じだ」と答えます。私も唯円と同じ「凡夫」だからこそ、阿弥陀仏《あみだぶつ》の救済の対象なのだ、と言っているのです。

「無宗教」を自認している人が、自らを「凡夫」と認めることは、すぐには難しいかもしれません。しかし、自らが自己中心的存在であることは認めるのではないでしょうか。

また、宗教的救済論を聞いても反発するのは、自分の考えが正しい、あるいは基準になっているからです。唯円が、念仏しても喜びの心などわかず、まして浄土に急いで生まれたい、とも思わないのは、唯円が自分の考えにこだわっているからでしょう。しかし、そのようなこだわりをもつのが日頃の私たちのすがたなのです。そのようなあり方を仏教では「凡夫」と言うのです。

となると、「無宗教」を自認している人とは、仏教的に言えば「凡夫」ということになるのではないでしょうか。もしそうならば、「無宗教」的精神こそ、『歎異抄』の正客《しょうきゃく》と言えるでしょう。

「疑ひながらも念仏すれば、往生す」

ここで、兼好法師《けんこうほうし》の随筆『徒然草《つれづれぐさ》』の中に引用されている法然《ほうねん》（一一三三〜一二一二）の言葉を見てみましょう。「凡夫」のための仏教がどのようなものかがわかる一段です。法然は親鸞の師です。

ある人、法然上人《しょうにん》に、「念仏の時、睡《ねぶり》にをかされて行《ぎょう》を怠《おこた》り侍《はべ》る事、いかがしてこの障《さわ》りをやめ侍らん」と申しければ、「目のさめたらんほど、念仏し給《たま》へ」と答へられたりける、いと尊《とうと》かりけり。

（大伴茫人編『徒然草・方丈記』「徒然草　第三九段」ちくま文庫）

ある人が法然に「念仏をしているけれども、眠くなって仕方がない。そういうときはどうしたらいいですか？」と尋ねました。すると法然は、「いや、寝たらいいじゃないですか。目が覚めてからまた念仏されたらいいでしょう」。この話に、兼好法師は「いと尊かりけり」と感激しています。続きも見てみましょう。

また、「往生《おうじょう》は一定《いちじょう》と思へば一定、不定《ふじょう》と思へば不定なり」と言はれけり。これも尊し。また、「疑ひながらも念仏すれば、往生す」とも言はれけり。これもまた尊し。（同前）

本人が信じれば神仏は存在するし、信じなかったらどこにもいない。つまり宗教というのは、主観的事実だということを法然は述べています。そして、「疑ひながらも念仏すれば、往生す」。宗教に対して疑念をもっても、「その思いは否定せず、放っておけばよろしい。疑いの中で念仏すればいい」と法然が言ったのを、兼好法師は「素晴らしい」と称賛しています。

こういう論理は、「無宗教」的精神の人も肯定できるのではないでしょうか。今の自分を「全面的に改めなさい」と迫ってくるような「創唱宗教」はごめんだけれども、今の自分のあり方を認めてもらい、そのうえで次のステップに進むという教えなら、受け入れられると思うのです。この法然の教えが、親鸞、そして唯円に受け継がれ、『歎異抄』が生まれたのです。ですから「無宗教」の人でも『歎異抄』は受け入れやすい古典と言えるのではないでしょうか。

「無宗教から『歎異抄』を読む」という視点は、つまり「凡夫」の立場から『歎異抄』を読むということです。仏教を疑っていてもいいし、今の自分のままでいいのです。そのため、「無宗教」の人にこそ受け入れやすく、理解しやすいのが『歎異抄』だと思います。

鎌倉新仏教の誕生

親鸞が生きた鎌倉時代には、浄土宗《じょうどしゅう》や日蓮宗《にちれん》、時宗《じ》など、日本独自の新しい仏教が次々と生まれました。それまでの日本の仏教は、中国から伝来した宗派のもと、厳しい戒律《かいりつ》を守り学問を修《おさ》めることが重視されたため、僧侶以外の人には縁遠いものでした。しかし、鎌倉時代に日本で興《おこ》った「新仏教」は違います。出家しなくても、厳しい戒律を守らなくても、誰でも平等に仏の加護《かご》を受けられると言うのです。

このため、鎌倉時代は一般庶民の間にも仏教が広まりました。

新仏教の先駆けとなったのが、法然の開いた「浄土宗」です。親鸞は、法然の弟子となり、彼の教えを受け継ぎました。それをさらに受け継いだのが唯円です。ですから、『歎異抄』を知るためには、法然のことを知る必要があります。

法然は、一一四七年頃、当時の仏教の最高学府である比叡山延暦寺《ひえいざんえんりゃくじ》に入門し、十八歳で叡空《えいくう》（生没年未詳）という高僧《こうそう》に師事しました。しかし四十三歳のとき、新しい教えを発見して、比叡山を下ります。

その教えとは、もっぱら「南無阿弥陀仏《なむあみだぶつ》」と念仏を称えること（「専修念仏《せんじゅねんぶつ》」）で極楽往生《ごくらくおうじょう》できるというものです。念仏を称えるだけなら、どんなに貧しい人でも、悪人でもできます。法然が都《みやこ》で説いた教説は、それゆえ広く庶民に受け入れられ、多くの信者を得ることになりました。これが「浄土宗」の始まりです。

親鸞は、法然より四十年あとに生まれ、九歳で比叡山に入山。二十年間修行しましたが、心からの安寧《あんねい》を得られず山を下り、都にある六角堂《ろっかくどう》（京都市中京区）に百日間こもりました。すると九十五日目、夢に聖徳太子《しょうとくたいし》が現れ、「法然を訪ねよ」と言われたのです。

お告げどおりに、親鸞は法然の庵《いおり》を訪ね、百日間通い続けて話を聞いたと伝えられます。親鸞は「専修念仏」の教えに感服し、法然に弟子入りしました。親鸞二十九歳、法然六十九歳のときのことです。

詳しくはのちほどお話ししますが、その後「浄土宗」は弾圧され、一二〇七年、法然は土佐へ流されることになります。三十五歳の親鸞も、連座《れんざ》して越後《えちご》へ配流《はいる》されました。こののち、親鸞は妻を迎え、二児をもうけています。僧が結婚することは、今では普通ですが、当時は異例でした。その頃から、親鸞は「非僧非俗《ひそうひぞく》」(僧にあらず、俗人にあらず)と自称するようになります。

一二一一年、親鸞三十九歳のときに流刑《るけい》を解かれました。が、都には帰らず、関東の常陸《ひたち》を拠点に、約二十年間、布教に努めました。

この布教活動により、親鸞には多くの信者が現れました。彼の教えに信伏《しんぷく》したのは、ほとんど二十歳代の若者だったという伝承があります。道理に敏感な若者だったからこそ、念仏一筋の教えというものに共感したのでしょう。

親鸞聖人像
13～14世紀　絹本著色　重要文化財
奈良国立博物館蔵

師の教えと「異なるを歎く」

親鸞は、六十歳代で常陸から都へ戻りました。その後、九十歳で亡くなるまで精力的に執筆活動を行い、関東に残してきた弟子たちに手紙で教えを説きました。手紙に名前が残る弟子は、三十九人と言われています。彼らは、それぞれ百人以上の弟子を取っていたようです。三十九人の直弟子に百人ずつ弟子がいたとすれば、親鸞には四千人近くの信者がいたことになります。

それほど多くの信者が、皆、親鸞の教えを正確に理解していたとは考えられません。実際、親鸞が帰京したあと、教えを誤解して伝える弟子が出てきました。その結果、教えが歪《ゆが》められていきました。この状況に大変な危機意識をもったのが、高《こう》弟《てい》の一人、唯円です。法然から親鸞へ伝承されてきた「専修念仏」の教えが曲解《きょっかい》されていくことを、唯円は歎《なげ》いていました。

『歎異抄』の「歎異」とは、「異なるを歎く」という意味です。唯円は、師・親鸞のそれと異なる教えが流布することを歎き、正統の教えをはっきり示す言行録を残そうと考えました。それが『歎異抄』です。

唯円の人物像については、詳しくわかっていません。唯円ゆかりの報佛寺《ほうぶつじ》（茨城県水戸市）近辺に伝わる話によれば、彼はもともと残忍な悪党だったそうです。一方、妻は親鸞の信者で、彼の草庵《そうあん》に熱心に通っていました。唯円はこれに嫉妬《しっと》して、あるとき怒りに任せて妻を殺害し、竹藪《たけやぶ》に埋めてしまいます。ところが、帰宅すると妻がいつもどおり家にいる。驚いて竹藪を掘り起こすと、そこには妻が親鸞から授かった名号《みょうごう》（阿弥陀仏の名）が書かれた紙がありました。唯円はこの事件をきっかけに自らの悪行《あくぎょう》を反省し、親鸞に帰依《きえ》したと言われています。

この話はあくまで伝承であり、真偽はわかりません。しかし、唯円という人が親鸞に弟子入りをして、師の言葉を正確に残そうと尽力したことは、おそらく本当です。彼の中には、相当激しい求道心《ぐどうしん》があったのだろうと想像できます。

世に隠されていた『歎異抄』

親鸞の没後、唯円は、師から直接聞いた言葉（『歎異抄』序文によれば、「耳の底に留《とど》まる」言葉）を十個選び、書き記しました。これが『歎異抄』第一条から第十条です。その十の文章を基準に、教えとは異なる解釈を批判した八つの文章が、『歎異抄』の後半、第十一条から第十八条です。

全十八条の本文に、序文と結文、さらに「流罪《るざい》の記録」を付け加えて一冊としています。「流罪の記録」は、後世に付け加えられたという説もありましたが、現在では有力ではありません。専修念仏を理解するうえで、「流罪の記録」は重要な意味をもちます。唯円もそれをわかっていて、最初から付けていたのだと思います。これについては、あとの章でお話しします。

実は、『歎異抄』の存在は長らく世に忘れられていました。親鸞の子孫たちが教団を形成する中で、『歎異抄』を広めようとしなかったからです。

読めばわかるのですが、『歎異抄』には、教団にとってあまりうれしくない内容が多く書いてあります。たとえば、第六条の「親鸞は弟子一人ももたずさふらふ」（私親鸞は、弟子を一人ももたない）です。先にお話ししたとおり、親鸞には四千人近い信者がいましたが、親鸞自身は自分を教祖だとは思っていませんでした。

しかし、信者の集まりは、親鸞亡きあと、彼を教祖とする教団へと発展します。親鸞の子孫たちは「門主《もんしゅ》」や「法主《ほっす》」の地位に就《つ》き、親鸞の血を受け継いだというだけで崇敬《すうけい》されていました。彼らにしてみれば、「弟子一人ももたずさふらふ」と書かれた『歎異抄』は、自分たちの立場を脅《おびや》かす危険極まりない書物ということになるわけです。こういった事情により、教団が『歎異抄』そのものを全面的に評価するのは難しく、長い間存在が隠されていたのです。

『歎異抄』は新しい古典

もう一つ、『歎異抄』が世に隠されていた理由があります。先にも少し触れましたが、法然の開いた「浄土宗」が、国家から弾圧されていたからです。

当時の日本仏教は、国家公認の「宗」だけが保護され、特権を与えられていました。公認されていた「宗」は、南都六宗《なんとろくしゅう》（三論宗《さんろん》・成実宗《じょうじつ》・法相宗《ほっそう》・倶舎宗《くしゃ》・華厳宗《けごん》・律宗《りっ》）と天台宗と真言宗です。

南都六宗は、奈良時代に中国からもたらされた「宗」です。天台宗は最澄《さいちょう》が、真言宗は空海《くうかい》が開いた「宗」ですが、もともと中国にあった「宗」を日本にもち込んだものでした。その中で、法然は初めて「浄土宗」という日本独自の「宗」を立てたのです。しかも、天皇の勅許《ちょっきょ》を得るというルールを無視する形でした。

当時、未公認の「宗」を立てるのは、政治体制や教団相互の約束事を無視する危険な行為とみなされました。当然ながら、仏教界からは激しい抗議の声があがりました。加えて、法然の教えは当時の日本社会の最下層の人々にも強力に支持されていました。それは支配層に属する人々に恐れを生じさせました。こうして、「浄土宗」は厳しい弾圧を受けることになり、「専修念仏」全体が禁止されました。

何よりも、宗教が天皇の許しを必要とするのは、深刻な問題をはらんでいます。「宗教が国家に服従する」ことになるからです。日本では、古代から、宗教が国家から独立する道は閉ざされていました。

そんな時代に、法然が立宗したのは、革命的と言ってよいでしょう。彼が「浄土宗」を立てたことの歴史的意義は、非常に大きいものです。法然自身にとっても、既存の仏教観を覆《くつがえ》し、新しい立場から仏教を再構築するという意味をもちました。

単に新しい「宗」を作っただけでなく、仏教を作り変え、新しい仏教の全体図を示す出来事だったわけです。

この「浄土宗」弾圧は、日本における宗教と政治の問題の原点のようなものです。単なる歴史の一コマではないということを、改めて言っておきたいと思います。

しかし、先に述べたように、一二〇七年、法然は親鸞らとともに流罪に処されました。このとき、死刑になった僧も四人いました。専修念仏は、それでも水面下で広まっていきますが、「浄土宗」、また親鸞を教祖とする「浄土真宗《じょうどしんしゅう》」は、もう正面から政治体制とぶつかることはしませんでした。弾圧の傷は、極めて深いものだったのです。

室町時代、「浄土真宗」中興の祖と言われる蓮如《れんにょ》（一四一五〜九九）は、この歴史を踏まえて、『歎異抄』を秘匿《ひとく》しました。『歎異抄』の立場を前面に出していけば、いずれ再び政治体制や他宗派と戦わざるを得ないと知っていたからでしょう。

その『歎異抄』にようやく光が当たるのは、明治時代です。日本初の宗教哲学者と言われる清沢満之《きよざわまんし》（一八六三〜一九〇三）が、自分の求道を支える書として『歎異抄』を推奨したのです。これを機に、『歎異抄』は、教団内ではなく、一般の知識人の間で広まりました。

『歎異抄』は古典ではありますが、実際は近代に発掘された「新しい古典」なのです。

『歎異抄』の主張

では、『歎異抄』は何を伝えようとしたのでしょうか。私の見るところ、『歎異抄』のエッセンスは「序」に明らかにされていると思います。

ひそかに愚案《ぐあん》をめぐらして、ほぼ古今《ここん》を勘《かんが》ふるに、先師《せんし》の口伝《くでん》の真信《しんしん》に異《こと》なることを歎《なげ》き、後学相続《こうがくそうぞく》の疑惑《ぎわく》あることを思《おも》ふ。幸《さいわい》に有縁《うえん》の知識《ちしき》に依《よ》らずば、いかでか易行《いぎょう》の一門《いちもん》に入《い》ることを得《え》んや。全《まった》く自見《じけん》の覚悟《かくご》を以《もっ》て、他力《たりき》の宗旨《しゅうし》を乱《みだ》ることなかれ。よって、故親鸞聖人御物語《こしんらんしょうにんおんものがたり》のおもむき、耳《みみ》の底《そこ》に留《とど》まる所《ところ》いささかこれをしるす。ひとへに同心行者《どうしんぎょうじゃ》の不審《ふしん》を散《さん》ぜんがためなりと、云々《うんぬん》。

（現代語訳）

私一人の思いですが、故親鸞聖人の時代と今の世を突き合わせて考えますに、（今は）親鸞聖人から直《じか》にお聞きした真実の教えと異なる了解があるのを歎かざるを得ません。教えを正しく受け継いでゆくにあたって生まれている数々の障害を思うのです。幸いなことに、縁あってすぐれた指導者に出遇《であ》うということがなければ、どうして本願念仏《ほんがんねんぶつ》に帰依《きえ》することができましょうか。すべて自分の一人合点だけを頼りとして、本願念仏の本旨《ほんし》を思い誤ってはならないのです。したがいまして、故親鸞聖人がお話しくださいました御物語の要旨の、今もって私の耳の底にとどまりますところを記すのです。ひとえに、心を同じくする念仏者たちの疑問を晴らすためなのです。

この「序」の中で唯円が強調しているのは、「他力の宗旨」を理解するためには「有縁の知識」、よき指導者や先輩の存在が不可欠だということです。よき先輩に指導してもらわなければ、「自見の覚悟」（独りよがり）になると言っているのです。

なぜよき指導者が必要なのかと言うと、先に述べたように、「大きな物語」には常識を超えた智慧が語られているからです。いわば非常識な智慧ですから、常識だけでは絶対に理解できません。何度も先輩に質問して議論していくことで、自らの常識が無力であることを教えられます。そこで初めて「非常識」な智慧がわかるようになってくるのです。

「他力の宗旨」とは、先の現代語訳で言えば「本願念仏の本旨」のことです。「阿弥陀仏の本願の力」を「他力」と言うのです。

その「他力」を自分の考えだけで理解しようとするのは無理です。自分の力だけでは、「他力」の世界は開かれるものではありません。疑問に思ったことを人に聞いて、その答えに対する疑問をまた質問して、その答えにまた質問をして……と応答を繰り返すしか、「自見の覚悟」を超える道はないのです。

これから「無宗教」の心で『歎異抄』と向き合っていくと、「大きな物語」によって自分の考え方に変化が生じてくるでしょう。普通なら、自分の考え方が揺るがされると不快に感じるものですが、『歎異抄』を読むときは、不快どころか、すがすがしさを覚えます。

この「序」を読んでも、押しつけがましい感じがせず、批判的な言葉にも嫌な気持ちがしないでしょう。自分の理解を示して、相手の了解を待つという姿勢は、「他力」の教えから生まれているのです。「他力」については、第4章で詳しくお話しします。

「本願」とは何か

先ほど、「本願念仏」という言葉が出てきました。『歎異抄』を理解するためには、この「本願念仏」について知っておく必要があります。「本願念仏」とは、「阿弥陀仏の物語」を根拠にしている念仏です。紀元一世紀頃にインドで成立した『無量《むりょう》寿経《じゅきょう》』という経典に、阿弥陀仏が誕生するまでの物語が書いてあります。

その物語によれば、阿弥陀仏は、もともと「法蔵《ほうぞう》」という名前の人間でした。「法蔵」の来歴については、経典の中ではたった一言、「国王」であったとしか書かれていません。ただ、「法蔵」が人間だったということは、とても大きな意味をもちます。

人間である「法蔵」は、人間の苦しみを見て「彼らを救いたい。彼らに仏教の智慧を授けたい」と思い、国王の地位を捨てて出家しました。そして「法蔵」と称して修行をし、人々を救うために四十八にのぼる誓願《せいがん》を立て、その願いが実現するまでは「仏にはならない」と誓います。さらに修行をして、「法蔵」は仏になります。それが阿弥陀仏です。

阿弥陀仏が立てた四十八願《しじゅうはちがん》が、本願念仏の「本願」です。本願の「本」は、阿弥陀仏になる前の本《もと》。つまり本願とは人間であった「法蔵」のときの願いだと説明されます。あくまでも「人間の願い」から出発しているのです。では、「法蔵」という人物は、なぜ四十八もの願いを立てなければならなかったのでしょうか。

人間の願いというものは、だいたい実現しないものです。たとえば、今、世界で起きている貧困問題や経済格差をなくしたいと私たちが願っても、なかなか状況を変えることはできません。悲しいことですが、願いというのは、叶《かな》わないことを前提に立てられるという矛盾があります。

悲願は実現しないから悲願と呼ばれるのですが、私たちはそもそも願いがなければ、生きる甲斐《かい》がありません。昔の旅人は北極星を目印に旅をしたといいますが、悲願はその北極星のようなものです。

日常生活では意識しないけれども、誰もが心の底にもっていて、目指している。そういう悲願をもって生きざるを得ない人間のために、「法蔵」は仏になろうとしました。実現不可能で自己矛盾に満ちた人間の悲願を、「法蔵」は全部引き受けようとしたのです。四十八の誓願は、願いなしに生きていけない人間の心の底にある、最も純粋な願いが蓄積されたものと言ってよいでしょう。

本願の「本」には、人間にとって根本的な、根源的な願いという意味も含まれているのではないか、と私は思います。人間の根源的な悲願を実現して仏になったのが、阿弥陀仏です。阿弥陀仏と私たちを結ぶ接点は、願いにあるように思います。

阿弥陀仏はすべての人を救済する

「阿弥陀仏の物語」と言うと、神話のようなものかと思われそうですが、実際は、完全な智慧を得るための道筋が論理的に説かれています。その論理的な道筋を最終的に発見したのが法然でした。『無量寿経』に説かれた四十八願のうち、十八番目には、このように書かれています。

たとい我《われ》、仏《ぶつ》を得んに、十方衆生《じっぽうしゅじょう》、心を至《いた》し信楽《しんぎょう》して我《わ》が国に生まれんと欲《おも》うて、乃至十念《ないしじゅうねん》せん。もし生まれずは、正覚《しょうがく》を取らじ。唯五逆《ただごぎゃく》と正法《しょうぼう》を誹謗《ひぼう》せんをば除く。

（阿満利麿注解『無量寿経』ちくま学芸文庫）

もし私が仏になったとき、十方世界のあらゆる人々が、まことの心をこめて信じ願い、私の国に生まれたいと欲することが、少なくとも十回に及べば、必ず浄土に生まれるようにしたい。そうでなければ、私は仏になりません。ただし、五逆という最も重い罪を犯す者と仏法を誹謗する者とは除きます。このように阿弥陀仏は誓っています。「我が国」、つまり阿弥陀仏の国とは、西方《さいほう》にあると言われる「極楽浄土」のことです。「浄土」とは、穢《けが》れのない仏の世界です。

紀元一世紀頃にインドで興った大乗仏教《だいじょうぶっきょう》では、衆生《しゅじょう》（人々）の救済を目指して修行した人間が仏となれば、その仏の力によって衆生も浄土へ行けると考えました。その大乗仏教が中国に伝わると、阿弥陀仏を信仰の対象とする人々が増え、阿弥陀仏の国「極楽浄土」へのあこがれが広まりました。

いま紹介した第十八願は、その「極楽浄土」に生まれたいと願う人が念仏すれば、どんな人であろうと、「必ずその願いを叶えよう」という阿弥陀仏の誓いです。法然は、この第十八願に着目して「本願念仏」の教えを立てました。その教えに共鳴したのが親鸞であり、唯円です。

大乗仏教について、もう少し補足しておきましょう。紀元前五世紀前後にインドで発祥した仏教は、出家者の集団という特別な環境の中で仏になることを目指すものでした。ブッダのように、あらゆる苦しみから逃れる智慧を身につけるため、修行を実践したわけです。

しかし、時代が下ってくると、出家しないまま信者になる人（在家《ざいけ》信者）が増えてきました。彼らには、ブッダが伝えた智慧の実践はできません。そこで、現世ではなく「別の世界で仏になる」という希望の物語が多く作られるようになりました。修行に耐えられない在家信者を、悟りの世界に導く新たな方法が、どうしても必要だったのです。それが「大乗経典」であり、大乗仏教の始まりです。

従来の仏教が、自分一人が悟ることを目的としていたのに対し、新たに生まれた大乗仏教は、すべての人の救済を目指すものでした。「阿弥陀仏の物語」である『無量寿経』も、まさしく大乗経典です。

「阿弥陀仏の物語」を根拠にしていない念仏は、しばしば「呪術《じゅじゅつ》」となります。呪術とは、自分の願望を実現するために使うもの。そういう呪術的な念仏ではなく、「本願」に支えられた念仏だから、法然から親鸞、唯円と、百年にわたって受け継がれてきたのでしょう。それは、人々の心の底にある根源的な宗教的要求に応えるがゆえに、さらにその後も長く人々に受け入れられてきたのです。

その伝承のエキスを、これから『歎異抄』の各条で味わっていきたいと思います。

第2章

念仏とはなにか

「誓願不思議」を信じて念仏する

『歎異抄』の根底にあるのは「本願念仏《ほんがんねんぶつ》」だということを、前章でお話ししました。阿弥陀仏《あみだぶつ》の名を称《とな》える（称名念仏《しょうみょう》）ことで、すべての人が浄土《じょうど》へ行って仏になるという教えです。

その教えを端的に述べているのが、『歎異抄』第一条です。冒頭を読んでみましょう。

弥陀《みだ》の誓願不思議《せいがんふしぎ》にたすけられまいらせて、往生《おうじょう》をばとぐるなりと信《しん》じて、念仏まうさんとおもひたつこころのをこるとき、すなはち摂取不捨《せっしゅふしゃ》の利益《りやく》にあづけしめたまふなり。

（現代語訳）

阿弥陀仏の誓いによって、浄土に生まれることができると信じて、阿弥陀仏の教えどおりにその名を称えようと思い立つ、その決断のとき、（阿弥陀仏はただちに感応してその人を）迎え取ってくださり、すべての人々を仏とするはたらきに参加させておいでなのです。

「阿弥陀仏の名を称えることで、すべての人が浄土へ行ける」という本願念仏の教えを、『歎異抄』はこの、たった一文で説明しています。ここが理解できれば『歎異抄』がわかるというくらい大事な部分なので、少し解説しましょう。

「弥陀の誓願」とは、阿弥陀仏の四十八願《しじゅうはちがん》のうち、第十八願のことです。「不思議」とは、常識を超えていること。つまり「弥陀の誓願不思議にたすけられまいらせて」は、「阿弥陀仏の本願という常識を超えた他力《たりき》に乗じて」という意味です。

次に「往生をばとぐるなりと信じて」。「往生」は、阿弥陀仏の国、極楽浄土《ごくらくじょうど》に生まれることです。あとで詳しく述べますが、「死ぬ」という意味ではありません。その往生に対して、「とぐる」という言葉が使われています。「往生する」ではなく「往生を遂げる」というのは、相当な意志の力がはたらいていることを意味します。

阿弥陀仏の本願を信じるという決断の気持ちが弱ければ、「往生を遂げる」とは言えません。

次の「念仏まうさんとおもひたつこころのをこるとき」も、「念仏しようと思うとき」でよさそうなのに、わざわざ「思い立つ心」が「起こるとき」と言っています。これも決断の重みを示す言い方です。

しっかりと決断して「念仏まうさんとおもひたつこころ」を起こせば、「すなはち摂取不捨の利益にあづけしめたまふなり」。阿弥陀仏は、私たちの決断に応じて、ただちに「摂取不捨」という利益に包み込んでくださるということです。

「摂取不捨」は、本願念仏において大事な言葉です。誰もが仏になれるという極楽浄土に、阿弥陀仏が私たちをおさめ取って（摂取）、離さないでくれる（不捨）、という意味です。「摂取不捨」は、すべての人を対象にした阿弥陀仏のはたらきです。

注意すべきは、「すなはち摂取不捨の利益にあづけしめたまふなり」の「すなはち」から、主語が阿弥陀仏に替わることです。つまり、私たちが「念仏まうさんとおもひたつこころ」を起こすと、それに応じて阿弥陀仏が私たちを「摂取不捨の利益にあづけしめたまふ」ということです。

「あづけしめたまふ」は、阿弥陀仏が念仏する者をして、「摂取不捨」という利益に「参加をおさせになる」という意味合いになります。私は、わかりやすく「阿弥陀仏の事業に参加する」ことだと言っています。「私たちが利益をこうむる」と言うと、どこか受け身の印象ですが、「自分も参加する」となると、より積極的な気持ちが表せます。

ここまで『歎異抄』第一条の冒頭を見てきましたが、非常に精密な言葉遣いをしていることにお気づきでしょうか。「誓願不思議を信じて念仏する」という決断を求めていることの表れです。阿弥陀仏の「摂取不捨」に参加するためには、「納得して本願を選び取る」という決断が不可欠だと示しているのです。

その理解が曖昧《あいまい》だと、第一条の意味がわかりません。最初の条文がわからなければ、『歎異抄』はわからないのです。

「ただ信心を要とするべし」

第一条の続きを、もう少し見てみましょう。

弥陀《みだ》の本願には、老少善悪《ろうしょうぜんまく》のひとをえらばれず、ただ信心《しんじん》を要《よう》とするべし。そのゆへは、罪悪深重《ざいあくじんじゅう》、煩悩熾盛《ぼんのうしじょう》の衆生《しゅじょう》をたすけんがための願《がん》にてまします。

（現代語訳）

阿弥陀仏の本願は、老人か若者か、善人であるか悪人であるかを選ぶことはありません。ただ、信心をかなめとする、とよくよく知らねばならないのです。そのわけは、深く根を張った罪悪と激しい煩悩を抱えた衆生を助けるための本願だからです。

この中で、「無宗教」の人がつまずくのは「信心」という言葉でしょう。阿弥陀仏の本願には、老いも若いも、善も悪も関係ない。ただ「信心」だけが必要である。

こう言われても、「私には信心なんかありません」となれば、先へ進めません。

　ここで言う「信心」は、一般的な「信じる」という意味ではなく、「心底納得する」ということだと私は思います。「阿弥陀仏の物語」を知って、その筋道に納得する。それが「信心」ということです。「阿弥陀仏の物語」については、『無量寿経』に書かれていることを前章で紹介しました。

　面白いのは、「ただ念仏を要とすとしるべし」ではなく、「ただ信心を要とすとしるべし」と言っていることです。必要なのは念仏だと言ってもよいところを、「ただ信心を要とすとしるべし」。これはどういうことでしょうか。

　それは、阿弥陀仏の本願に心底納得することがなければ、本当の念仏は生まれてこないということです。「ただ念仏を要とすとしるべし」と言ってしまうと、「念仏だけすればいいんだな」と思われ、「じゃあ念仏は何回すればいいのか」「念仏するときは居住《いず》まいを正すのか」などという、どうでもいい話になってしまいます。「なぜ念仏するのか」という大切な問いが抜け落ちてしまうのです。

大切なのは、なぜ念仏なのか、なぜ念仏が自分にとって必要なのか、その理由がはっきりとわかっていること。それが納得（「信心」）ということです。

念仏は阿弥陀仏の「はたらき」

なぜ念仏なのか。「無宗教」の人にとって、最も解《げ》せないのはそこでしょう。ただ阿弥陀仏の名を称えるだけですべての人が救われるなんて、信じ難いのも無理はありません。その疑問に答えるために、そもそも「念仏とは何か」ということについて説明します。

阿弥陀仏は「南無阿弥陀仏《なむあみだぶつ》」という「名《な》」あるいは「音《おと》」（声《こえ》）になっている仏であり、阿弥陀仏が存在するのは、私が「南無阿弥陀仏」と口で称えるときだけなのです。言い換えれば、「名」を称える（称名する）のは間違いなく私なのですが、同時に、それは阿弥陀仏のはたらいているすがたでもあるのです。なぜなら、阿弥陀仏は「称名」という「はたらき」になっているからです。

阿弥陀仏からすれば、私が「南無阿弥陀仏」と称えることによって、そのはたらきをまっとうできるのであり、私が「南無阿弥陀仏」と称えないかぎり、阿弥陀仏といえども、私を仏道へ誘《いざな》う手立てがないのです。

阿弥陀仏は万物の創造主として万物に君臨する存在ではなく、私を仏たらしめようと具体的にはたらきかける「作用」なのです。私が称名しようがしまいが、私とは無関係に仏であり続けているのではない。阿弥陀仏の関心は、私がそのはたらきを実践するかどうかにあるのです。

「南無阿弥陀仏」という言葉は経典にある言葉です。経典は「真実」を悟った人たちによって制作されたと考えられており、「南無阿弥陀仏」という言葉も、あくまでも「真実の世界」のシンボルであるところに意義があるのです。「南無阿弥陀仏」は、いわば「真実の世界」からの贈り物と言えましょう。

「南無阿弥陀仏」の根拠

第1章で述べたように、「南無阿弥陀仏」と称えれば浄土に生まれて仏になるという根拠は、『無量寿経』に記されている四十八願の中の第十八願です。

しかし、不思議なことに、第十八願にはどこにも「南無阿弥陀仏」と称えよ、とは書かれていません。第十八願の漢訳原文は、「設我得仏《せつがとくぶつ》、十方衆生《じっぽうしゅじょう》、至心信楽《ししんしんぎょう》、欲生我国《よくしょうがこく》、乃至十念《ないしじゅうねん》、若不生者《にゃくふしょうじゃ》、不取正覚《ふしゅしょうがく》」です。つまり、人々が真心をこめて本願を信じて阿弥陀仏の国に生まれたいと願えば必ず実現させる、というだけのことです。

この第十八願を、人々に念仏をすすめる願だと解釈したのは、中国唐代の善導《ぜんどう》です。善導により、第十八願は「若我成仏《にゃくがじょうぶつ》、十方衆生《じっぽうしゅじょう》、称我名号《しょうがみょうごう》、下至十声《げしじっしょう》、若不生者《にゃくふしょうじゃ》、不取正覚《ふしゅしょうがく》」（我《わ》れ成仏せんに、十方の衆生、我が名号を称すること、下十《しもじっ》声《しょう》に至るまで、もし生ぜずば正覚を取らじ）、と改められます。

ここには、第十八願の原文にある「至心信楽、欲生我国」（真実の心をもって阿弥陀仏の国に生まれたいと願う）という言葉が省略されています。

善導は、どうして大切な第十八願の文を称名中心に読み替えたのでしょうか。

善導は、唐代に「南無阿弥陀仏」と称名する行《ぎょう》を広め、中国浄土教を大成した人物です。その善導が「南無阿弥陀仏」という言葉に注目したのは、『観無量寿経《かんむりょうじゅきょう》』

という経典を学んだからです。

『観無量寿経』には、二度「南無阿弥陀仏」という文字が出てきます。しかし、それは、臨終にある極悪人が浄土に生まれるために、最後の手段として「南無阿弥陀仏」と称えよ、と教えているのです。平生の、普通の善良な暮らしをしている人間に説かれているわけではありません。

いわば、最後の手段として、例外的に説かれている「南無阿弥陀仏」を、普通の人間のための日常的な行為とみなし、しかもそれが唯一の浄土に生まれるための方法だと主張したのが善導に他ならないのです。

その根拠は、人はすべて例外なく「凡夫《ぼんぶ》」である点に求められます。「凡夫」とは、「仏」になることができない「愚かな人間」ということであり、「仏」から見れば人はすべて凡夫であり「悪人」であると言うしかありません。

人が例外なく「悪人」であるとすれば、『観無量寿経』に説かれている、非常手段としての念仏が、すべての人々（凡夫）の救済手段として意味をもつようになるではありませんか。

そして、善導の思想を受け継いだ法然は、『無量寿経』に記された「乃至十念」の「念《ねん》」は「唱《しょう》」(称名すること)だと解釈し、ここに、「南無阿弥陀仏」と口に称えることが第十八願の教えになったのです。

念仏の「勝劣」と「難易」

阿弥陀仏は、なぜ「もっぱら仏の名を称える」という「行《ぎょう》」を往生の本願として選び取ったのでしょうか。その問いに対して、法然は主著『選択本願念仏集《せんちゃくほんがんねんぶつしゅう》』の中で次のように自答しています。

答えて曰《いわ》く、聖意《しょうい》測《はか》り難《がた》し、輒《たやす》く解《げ》すること能《あた》わず。然《しか》りといえども、今試《いまこころ》みに二義《にぎ》を以《もっ》てこれを解せば、一《ひとつ》には勝劣《しょうれつ》の義、二《ふたつ》には難易《なんい》の義なり。

(阿満利麿訳・解説『選択本願念仏集　法然の教え』角川ソフィア文庫)

阿弥陀仏が、なぜ念仏を選んだのか。それは仏のことであるから、私たち凡夫にはわからない。そうは言っても知りたいことであるから、試みに二つの意味があると考えよう。法然はこう言いつつ、「勝劣」と「難易」の二つの観点をあげます。「勝劣」とは、念仏が勝《まさ》った行であり、他の行は劣っているということです。なぜなら、阿弥陀仏の名号には、あらゆる功徳《くどく》や智慧《ちえ》がおさめ取られているから。他の一切の行よりも優れているから、劣った行を選び捨てて、念仏を本願としたのだろう、と法然は推測します。

「難易」は、念仏は修《しゅう》するのが易しく、他の行は難しいということです。男性でも女性でも、貧しい人でも富のある人でも、愚かな人でも賢い人でも、一切衆生《いっさいしゅじょう》が平等に救われるためには、行い難い方法ではいけません。誰もができる行でなければ、往生できない人が出てきてしまいます。それは、阿弥陀仏の平等な慈悲心に反することなのです。

次は、やはり『選択本願念仏集』の中から、念仏がいかに平等であり、慈悲の表れであるかということを表した一文です。

故《ゆえ》に知《し》んぬ、念仏は易《やす》きが故《ゆえ》に一切に通《つう》ず。諸行《しょぎょう》は難《かた》きが故に諸機《しょき》に通ぜず。然《しか》ればすなわち、一切衆生をして平等に往生せしめんが為《ため》に、難《なん》を捨て易《い》を取って本願としたまえるか。もしそれ造像起塔《ぞうぞうきとう》を以《もっ》て、本願としたまわば、貧窮困乏《びんぐこんぼう》の類《るい》は定《さだ》んで往生の望《のぞみ》を絶《た》たん。然るに富貴《ふき》の者は少なく、貧賤《ひんせん》の者ははなはだ多し。もし智慧高才《ちえこうざい》を以て本願としたまわば、愚鈍下智《ぐどんげち》の者は定んで往生の望を絶たん。然るに智慧ある者は少なく、愚癡《ぐち》なる者ははなはだ多し。（中略）
然《しか》ればすなわち弥陀如来《みだにょらい》、法蔵比丘《ほうぞうびく》の昔、平等の慈悲に催《もよお》され、普《あまね》く一切を摂《せっ》せんが為に、造像起塔等の諸行を以て、往生の本願としたまわず、ただ称名念仏の一行《いちぎょう》を以て、その本願としたまえる。

（現代語訳）

だから、はっきりと分かる。念仏は実践が容易であるがゆえに、一切の人々に通用する。諸行は実践が困難であるがゆえにすべての人々に通用することができない。しかれば、一切衆生をして、平等に往生せしめんがために、難しい諸行を捨てて、称名念仏の容易な行を採用して本願とされたのであろう。もし仏像を作り、塔を建てることをもって本願とされたならば、貧窮困乏のものは定めて往生ののぞみを断つことになろう。しかも、世には富貴のものは少なく、貧賤のものは極めて多いではないか。もし、智慧や優れた才能をもって本願とされたならば、愚鈍で智慧の劣ったものは、定めて往生ののぞみを断つことになろう。しかも、世には智慧あるものは少なく、愚かで道理が分からぬものははなはだ多いではないか。（中略）

だから阿弥陀如来は、法蔵比丘であった昔、平等の慈悲心に催されて、あまねく一切の衆生を救うために、造像起塔等の諸行をもって、往生の本願となされなかったのである。ただ、称名念仏の一行をもって、その本願となされたのである。（同前）

往生の「行」として称名念仏が選ばれたのは、ひとえに阿弥陀仏がその慈悲をあまねく衆生に平等に施すためである。法然はこう言っています。私が『選択本願念仏集』の中で最も好きな、白眉《はくび》の文章です。

この部分には、阿弥陀仏の慈悲心と同時に、法然の慈悲心も表れていると思います。慈悲は、平等でなければなりません。ある人には慈悲が注がれて、他の人には注がれないとしたら、それは慈悲に値しません。そこに例外があってはならない、という気持ちが、この文章にこめられていると思うのです。

この文章からわかるのはもう一つ、本願の中核に称名念仏が置かれたのは「阿弥陀仏自身の選択」だと法然が解釈していることです。念仏の背後に阿弥陀仏の選択の意思がある。このことを見抜いたのが、法然の最大の功績だと私は思います。

阿弥陀仏が選択した称名念仏という「行」を、法然もまた選択しました。当時の仏教界のさまざまな「行」を学んだり実践したりしながら、結局は阿弥陀仏の本願念仏が一番だ、と。

こうして、「南無阿弥陀仏」と仏の名を称える称名念仏が、浄土に往生するための必要にして十分な条件だと法然は主張することになったのです。

その称名念仏が、仏道そのもの、いや仏教そのものだと論証したのが、親鸞です。

その理由については、のちほどお話しします。

なぜ念仏を疑うのか

法然が確立した本願念仏が親鸞に受け継がれ、親鸞はさらに称名念仏を「仏教そのもの」とする教えに発展させました。その本願念仏の教えは、前章でも述べたように、広く世間に浸透し、親鸞は推定四千人弱の信者を擁《よう》するまでになりました。しかし、教えのかなめとなる称名念仏への信頼は、当時から揺らいでいました。『歎異抄』第二条を読むと、そのことがよくわかります。都へ戻った親鸞を、関東の弟子たちが遠路はるばる訪ねてきたとき、親鸞が語った言葉です。

をのをの十余《じゅうよ》ケ国《こく》のさかひをこえて、身命《しんみょう》をかへりみずして、たづねきたらしめたまふ御こころざし、ひとへに往生極楽《おうじょうごくらく》のみちをとひきかんがためなり。しかるに、念仏よりほかに往生のみちをも存知《ぞんち》し、また法文等《ほうもんとう》をもしりたるらんと、こころにくくおぼしめしておはしましてはんべらんは、おほきなるあやまりなり。

もししからば、南都北嶺《なんとほくれい》にも、ゆゆしき学生《がくしょう》たち、おほく座《おわ》せられてさふらふなれば、かのひとびとにもあひたてまつりて、往生の要《よう》よくよくきかるべきなり。

（現代語訳）

皆さま方は常陸《ひたち》から十余りの国境を越えて、身命を顧《かえり》みずに私を訪ねてきてくださったのですが、そのお心は、ひとえに「往生極楽の道」を問い、また聞くところにおありなのでしょう。しかしながら、親鸞が念仏の他に、往生に効果のある特別の方法や、また一種の呪文や難しい経典の言葉を知っているのではないか、と皆さま方が気にかけていらっしゃるとしましたら、それは大きな誤りと言わねばなりません。もしそういう期待がおありならば、奈良や比叡山の大寺院には立派な学僧たちがいらっしゃることですから、その人々をお訪ねになり、「往生の要」をよくよくお聞きになるのがよろしいのではございませんか。

まるで戯曲のような、臨場感あふれる描写ですね。『歎異抄』を人に紹介するとき、私が最初におすすめするのは、この第二条か、第九条です。

第二条の背景には、前章でも述べたように、関東の門弟たちの間でさまざまな誤解が生じていることがありました。それに対して、親鸞はまず長男の善鸞《ぜんらん》を関東に派遣し、正しい教えに引き戻そうと試みます。

しかし善鸞は、むしろ誤った教えを広めて関東の人々を混乱させてしまいました。本願念仏を「萎《しぼ》める花」と貶《おとし》めたり、鎌倉幕府にすり寄ったりしたのです。

そのため、親鸞は八十四歳にして息子を義絶しました。こうした事件に関東の門弟たちは動揺し、はるばる師を訪ねてきたのです。親鸞八十八歳、亡くなる二年前の出来事です。

親鸞の弟子たちが、わざわざ十余りの国を越えて師を訪ねてきたのは、「ひとへに往生極楽のみちをとひきかんがため」、つまり死後の行く先を知りたかったからだと親鸞は言いました。

「往生」は、現代では「あの世」へ行くことだと思われていますが、本来は「死ぬ」という意味ではありません。仏教には、死んでも別の世界に生まれ変わる「輪廻転《りんねてん》生《しょう》」という考え方があります。その輪廻から脱して、真実の智慧に目覚めることが「往生」の意味であり、仏教の目的です。「死後の安楽」が目的なのではありません。

にもかかわらず、死後の行き先だけに関心が集中して、自分が今、「迷い」の世界にいるという意識が欠如していたのが門弟たちです。死んだあとのことばかり心配して、「こんな簡単な念仏で、本当に極楽に行けるのか」と疑いながら念仏をしていました。それに親鸞は強い危機感を覚え、「私が念仏以外の道を知っていると思ったら、大間違いだ」と諭《さと》したのです。

実は、このような疑いは法然の時代から根強くありました。法然から本願念仏のかなめを教えてもらっていながら、人々はそれを十分に理解し切れず、心のどこかで「もっと深い教えや難しい行があるんじゃないか」と疑い続けていたのです。

なぜ念仏を疑うのか。一つには、阿弥陀仏が人々に念仏を与えた事情を心得ていないからです。教えられているはずなのに、忘れているか、耳に届いていないのです。

「いづれの行もおよびがたき身」

もう一つは、「自分自身がどんな人間なのか」という自己認識が甘い、という点で、これが一番問題なのです。

第二条の続きを読んでみましょう。

親鸞にをきては、ただ念仏して弥陀にたすけられまひらすべしと、よきひとのおほせをかぶりて、信ずるほかに別《べっ》の子細《しさい》なきなり。念仏は、まことに浄土《じょうど》にむまるるたねにてやはんべるらん、また獄獄《じごく》におつべき業《ごう》にてやはんべるらん、総《そう》じてもて存知《ぞんち》せざるなり。たとひ法然聖人《ほうねんしょうにん》にすかされまひらせて、念仏して地獄におちたりとも、さらに後悔《こうかい》すべからずさふらふ。そのゆへは、自余《じょ》の行《ぎょう》をはげみて仏《ぶっ》になるべかりける身《み》が、念仏をまうして地獄にもおちてさふらはばこそ、すかされたてまつりてといふ後悔もさふらはめ、いづれの行もおよびがたき身なれば、とても地獄は一定《いちじょう》すみかぞかし。

（現代語訳）

私、親鸞におきましては、「ひたすら念仏して阿弥陀仏に助けられてゆくのがよい」という、「よき人」、法然上人《しょうにん》の教えを受けて、それを信じる他に、特別の理由はないのです。念仏がはたして極楽に生まれる原因になるのか、はたまた地獄に堕《お》ちる行為となるのか、まったく知るところではありません。仮に法然上人にだまされて、地獄に堕ちたとしても後悔はしません。なぜなら、念仏以外の修行を試みて仏になることができるはずであったのに、わざわざ念仏をしたがゆえに地獄に堕ちたということならば、法然上人にだまされたという後悔も生まれるでしょう。しかし、私は、念仏以外のいかなる修行にも堪《た》えることができない人間です。とうてい地獄を免れることはできない人間なのです。

親鸞は、「いづれの行もおよびがたき身」、仏になるための手段が一切ないという立場だから、念仏を選択しているのだと言います。他の「行」に励んで仏になるは

法然上人像（鏡の御影）
13世紀　絹本著色　京都府指定有形文化財
くろ谷金戒光明寺（京都市）蔵

ずの我が身が、念仏をして地獄に堕ちるのならば、だまされたという思いも後悔も生まれるでしょう。しかし、自分は既存の「行」で仏になることはあり得ない人間だから、阿弥陀仏の本願という「他力」に頼るしかないのだ、と言うのです。

つまり念仏への疑いは、「念仏以外に仏になるための手段を一切もっていない」という自己のあり方を認識していないから生じるのです。

人間には真実がわからない

「仏になる」とはどういうことか。端的に言えば、真実に目覚めることです。「悟《さと》り」という言葉も、ほぼ同じ意味と考えてよいでしょう。

私たちの中には、真実がわかる智慧をもちたいという願いがあります。真実に目覚めることは、仏教において、とても大事な目的です。

人間の愚かさの根は深く、真実の智慧というものがわかりません。しかし、それをわかりたい、真実の存在になりたいという願望はある。そこで、どうしても「阿弥陀仏の物語」という「大きな物語」が必要になってくるわけです。

人間の愚かさ、悲惨さ、不条理という苦しみに気づいた人には、「大きな物語」の力は意味をもって迫ってきます。そうなると、本願念仏の意味もわかってくるでしょう。

しかし、そういう人間の抱える大きな矛盾、問題に気がつかなければ、念仏を、単に死後の安楽を保証する呪文のようなものとして受け取ってしまいがちです。

親鸞の門弟たちは、まさにそういう存在でした。彼らに対して、親鸞は、くどくどと面倒なことは言わずに、自分がなぜ念仏を称《とな》えているのかを、淡々と述べました。自分は「いづれの行もおよびがたき身」で、放っておいても地獄行きなのだ、と。このように、自己のあり方を述べることで、「あなた方も、自分がどういう人間かということを考えてみたらどうですか」と、間接的に教えていたのです。

繰り返しますが、人々が念仏を信じられないのは、自己のあり方を棚上げにしているからなのです。自分が問題を抱えているという認識が足りないとも言えます。そんなことでは、念仏というものはわかるはずがない、と『歎異抄』第二条は言っているのです。

門弟たちが、この言葉に示唆されて、自分もまた「いづれの行もおよびがたき身」であると気づいてくれればいい。もし気づかなければ、まだ機が熟していないということだ。親鸞は、おそらくそう考えていたのだと思います。

自分の「はからい」を加えない

『歎異抄』には、「念仏とはどういうものか」ということが折に触れて、繰り返し説かれています。第十条にも重要な説明があるので、見てみましょう。

念仏には、無義《むぎ》をもて義《ぎ》とす。不可称《ふかしょう》・不可説《ふかせつ》・不可思議《ふかしぎ》のゆへにと、おほせさふらひき。

〈現代語訳〉

「念仏を理解するためには、はからいを捨てることが道理に叶っているのです。そのわけは、念仏は、私たちが量《はか》ることもできず、説明もできず、思いめぐらすともできないものだからです」と法然上人はおっしゃいました。

最後の「おほせさふらひき」は、法然が言った言葉だという証拠です。この第十条の文章は、法然から親鸞が聞き、親鸞が唯円に伝えた、最も大事な言葉です。本願念仏の奥義《おうぎ》と言ってもよいでしょう。

「無義」とは、自分の「はからい」を加えないこと。「義」とは、「本来の意味」ということです。念仏は、私たちの常識の延長で理解してはならない。念仏は、阿弥陀仏が私たちに与えた行為である。だから、念仏には自分の「はからい」を加えてはいけないのだ。これが、法然が親鸞に伝えた大事な言葉の意味です。

念仏をするのは、まぎれもなく私たち人間ですが、念仏を与えてくれたのは、阿弥陀仏です。そういう意味では、念仏は阿弥陀仏の行為なのです。ここに、人間の常識を超えた念仏の不思議さの根拠があります。

念仏は「仏になる」ことそのもの

阿弥陀仏がなぜ称名という方法を考え出したのか、その理由を法然は『選択本願念仏集』の中で「聖意測り難し」と言っていましたね。仏の考えなのだから、人間にはわからない。だから「無義をもて義とす」なのです。自分の「はからい」を加えては、わからなくなるだけなのです。

この点、親鸞の著作『教行信証《きょうぎょうしんしょう》』を見ると、念仏とは何かが端的に説明されています。

次の文章がそれです。

> いはんやわが弥陀《みだ》は名《な》を以《もっ》て物を接《しょう》したまふ。ここを以て、耳に聞き口に誦《じゅ》するに、無辺《むへん》の聖徳《しょうとく》、識心《しきしん》に攬入《らんにゅう》す。永《なが》く仏種《ぶっしゅ》となりて頓《とん》に億劫《おくこう》の重罪を除き、無《む》上《じょう》菩提《ぼだい》を獲証《ぎゃくしょう》す。信《まこと》に知《し》んぬ、少善根《しょうぜんごん》にあらず、これ多功徳《たくどく》なり。
>
> （星野元豊他校訂『日本思想大系11　親鸞』岩波書店）

意味は次のとおりです。

まず、阿弥陀仏は「名」となっている仏だということを明らかにして、その「名」をもって人々（「物」）と交わる（「接」）。だから、その「名」を耳に聞き、あるいは口に出して称える（「誦」）と、阿弥陀仏の尊い功徳（「聖徳」）が私たちの心（「識」）にまとめて入ってくる（「攬入」）。そして、久しく仏になる種《たね》となり、知られざる過去から積み重ねてきた重罪がすみやかに除かれ、悟り（「無上菩提」）を獲得する、と。

私が注目するのは、「南無阿弥陀仏」と口に称えると、阿弥陀仏の心が私たちの心の底に届いて、私たちがいずれ仏になる種となってはたらいている、という指摘です。それは、深層意識のはるかな底に届くので、日常の意識でははっきりとわかることはないとしても、すでに阿弥陀仏と交渉が生じている以上、私は仏になる道を歩んでいることになります。

阿弥陀仏が「南無阿弥陀仏」という「名」になっている以上、「南無阿弥陀仏」

と称えることは、私の中で阿弥陀仏がはたらくことであり、阿弥陀仏が私の中ではたらく以上、私は仏になる道を歩んでいることになります。ということは、念仏をすることは何かの手段ではなく、「仏になる」ことそのものに他なりません。称名念仏は「仏道そのもの」なのです。

第1章で紹介した宗教哲学者・清沢満之《きよざわまんし》は、宗教とは「主観的事実」であると言いました。客観的に証明できるものではなく、自分が納得するかどうかが分かれ目だということです。

自分に自信がありすぎる人は、客観的に証明できない話に納得することが難しいかもしれません。その自信が、実は本当の自信ではなかったと気づくとき、初めて本願念仏への道が始まるのです。『歎異抄』は、その道筋を教えてくれているのです。

第3章

悪人とはだれか

なぜ悪人こそ救われるのか

『歎異抄』の中で最も有名な言葉と言えば、「善人《ぜんにん》なをもて往生《おうじょう》をとぐ、いはんや悪人《あくにん》をや」でしょう。常識では理解しづらい、難しい文章です。

常識的に言えば、「悪人が救われるのだから、善人が救われないわけはない」という論法になります。しかし、この章で読み解いていく第三条は逆に、「善人が救われるのだから、悪人が救われないわけはない」となっています。

この「悪人正機《あくにんしょうき》」と呼ばれる考え方がわからないことには、第三条、さらには『歎異抄』自体がわかりません。今回は、その「悪人正機」について考えてみましょう。

第三条は次のような文章で始まります。

善人なをもて往生をとぐ、いはんや悪人をや。しかるを世《よ》のひとつねにいはく、悪人なを往生す、いかにいはんや善人をやと。この条、一旦《いったん》そのいはれあるににたれども、本願他力《ほんがんたりき》の意趣《いしゅ》にそむけり。

（現代語訳）

法然上人《しょうにん》は「善人でさえも往生を果たすのです、ましてや、悪人が往生を果たすことは言うまでもありません」とおっしゃいました。しかしながら、世間では、「悪人が往生するのだから、ましてや善人が往生するのは当たり前のことではないか」と言うのです。このことは、一応は理屈が通っているように見えますが、阿弥陀仏《あみだぶつ》の本願の趣旨に背《そむ》くことに他なりません。

第三条は、親鸞が唯円に、法然の言葉として「善人なをもて往生をとぐ、いはんや悪人をや」を伝えるところから始まります。法然は、「阿弥陀仏が真っ先に救ってくださるのは悪人である」と言っていたのです。この言葉が理解し難いのは、「善悪」を考えるとき、「本願他力」を基準にしないからです。

もし「あなたは悪人ですか?」と聞かれれば、多くの人は「違う」と答えるでしょう。一方で「あなたは善人ですか?」と聞かれれば、「善人とは言えないかもしれないが、悪人と言われるほど悪いことはしていない」と答える人がほとんどだと思います。

この、世間で言うところの「善悪」は、法律か道徳のいずれかを基準にしています。法律を犯した人は悪人で、法律を守る人は善人。あるいは、親孝行をする人は善人で、親を泣かせる人は悪人、というような基準が一般的なのです。

現代の私たちは、自分のことを「どちらかと言えば善人」だと思っている一方で、他人に対しては、「悪いのはあいつじゃないか」「あの人のあそこが悪い」と厳しいことを言ってしまいがちです。そのため、第三条を読んでも、「悪人こそ救われる」という「悪人正機説」に納得できません。仮に本願念仏に関心をもっている人でも、その対象となる人間が「悪人」だと聞けば、自分には関係のない遠い話だと思ってしまうのです。

第三条を理解するためには、「悪人」とはどういう人間を指しているのかを、十分に検討しなければなりません。もっとはっきり言えば、「自分は悪人だ」ということがわからなければならないのです。

善人は「自力作善のひと」

『歎異抄』の第三条に述べられている善悪の基準は、どういうものでしょうか。続きを読んでみましょう。

そのゆへは、自力作善《じりきさぜん》のひとは、ひとへに他力をたのむこころかけたるあひだ、弥陀《みだ》の本願にあらず。しかれども、自力のこころをひるがへして、他力をたのみたてまつれば、真実報土《しんじつほうど》の往生をとぐるなり。

（現代語訳）

そのわけは、自らの努力によって善を積み行う人は、阿弥陀仏の本願を頼むことがなく、（したがって）阿弥陀仏の本願の対象になる人ではないからです。しかし、このような人々も、自らの努力によって仏になることが不可能だと自覚して、ひとえに阿弥陀仏の本願を頼むようになると、往生を果たすことができるのです。

「自力作善のひと」とは、仏を目指して自分の力で修行することができる人、あるいはできると思っている人です。彼らが、法然が言うところの「善人」です。戒律《かいりつ》を守り、瞑想《めいそう》ができ、智慧《ちえ》を磨くことができる修行者は、「善人」ということになります。

そういう努力をしている人が救われるのかと思いきや、「善人」は「弥陀の本願にあらず」、阿弥陀仏の本願の対象にならないと言うのです。なぜなら、阿弥陀仏の本願を頼む心がまるで欠けているからです。つまり「他力」(阿弥陀仏の本願の力)ではなく、「自力」(自分の力)を頼みにしているのです。

そんな「善人」も、「自力のこころをひるがへして、他力をたのみたてまつれば」(「自力」で仏になるのは不可能だと自覚して、阿弥陀仏の本願という「他力」を頼れば)、往生することができると第三条は言います。

「自力」か、「他力」か、いずれの立場を取るのか。それが「悪人正機」を理解するうえでの大切なポイントです。

悪人は「仏になる手立てのない人」

「善人」が本願の対象にならないことはわかりましたが、なぜ悪人が対象になるのでしょうか。第三条の続きを、最後まで見てみましょう。

煩悩具足《ぼんのうぐそく》のわれらは、いづれの行《ぎょう》にても生死《しょうじ》をはなるることあるべからざるをあはれみたまひて、願をこしたまふ本意《ほんい》、悪人成仏《じょうぶつ》のためなれば、他力をたのみたてまつる悪人、もとも往生の正因《しょういん》なり。よて善人だにこそ往生すれ、まして悪人はと、おほせさふらひき。

（現代語訳）

煩悩に縛られた私たちは、どのような修行を実践しても、迷いの世界から離れて自由になることができないのですが、その私たちを憐《あわ》れんで、阿弥陀仏は誓願《せいがん》を起こされたのです。つまり、阿弥陀仏の根本の願いは、私ども悪人を成仏させる点にあるのですから、他力を頼む悪人こそが、正真正銘、浄土《じょうど》に生まれて必ず仏となる種《たね》の持ち主なのです。それゆえに、法然上人は「善人でさえ往生するのです。ましてや悪人が往生することは言うまでもありません」とおっしゃったのです。

ここでは、「悪人」という言葉が「煩悩具足のわれら」に言い換えられています。煩悩の「煩」は身を煩《わずら》わす、「悩」は心を悩ますという意味です。「具足」というのは、十分に備えているという意味です。

つまり、「煩悩具足のわれら」(「悪人」)は、どのような修行をしても、「生死をはなるることあるべからざる」存在なのです。「迷い」の世界を離れることができない、仏になれない存在だと言うのです。

前章でも触れましたが、仏教には、死んでもまた生まれ変わることを永遠に繰り返す「輪廻転生《りんねてんしょう》」という思想があります。「たった一度の人生」というのは現代人の考え方であり、「生き死に」を何度も重ねるというのが仏教の考え方です。つまり私たちは、今生《こんじょう》で初めて生まれたのではなく、実は何度も人間界に（あるいは別の世界に）生まれていることになるわけです。

なぜ「生き死に」を繰り返すのかと言うと、「煩悩具足のわれら」は、真理を知ることができないからです。真理を知るための智慧をもつことができないから、いつまでも「六道《ろくどう》（地獄・餓鬼・畜生・阿修羅・人間・天）」を「輪廻」して、「迷い」の世界にとどまっているのです。

その「迷い」の世界を離れることができない「煩悩具足のわれら」を憐れに思ったのが阿弥陀仏です。阿弥陀仏が「願をおこしたまふ本意」、つまり四十八願《しじゅうはちがん》を起こされた本当の狙いは、「悪人成仏」のため。「悪人」である「煩悩具足のわれら」を仏たらしめるために、本願はあるのだということです。

だから、「他力をたのみたてまつる悪人、もとも往生の正因なり」。阿弥陀仏の本願を頼りにする「煩悩具足」の人間は、真っ先に「往生」する理由がある、と言うのです。

仏になる手立てのない人間を仏たらしめるのが、阿弥陀仏の本願です。仏になる手立てのない人間は、すなわち「悪人」です。「悪人」は、「自力」で仏になれないから、阿弥陀仏という「他力」に頼ります。そこが「自力作善のひと」との違いであり、本願念仏の対象となるゆえんです。

法然が、ひいては親鸞、唯円が示す「善悪」の基準は、「仏になれるかどうか」にあるのです。

悪人とは私のことである

仏になる手立てのない人間は、すなわち「悪人」である。そう考えると、「自分は悪人ではない」と言える人は少ないのではないでしょうか。この第三条は、実は「悪人とは私のことである」という自己確認をするための文章とも言えるのです。

しかし、よほど心してかからなければ、自分が「悪人」だという自己確認に至ることはできません。先ほどもお話ししたように、現代の私たちは、自分を「悪人」だと思えないのに、人を「悪人」だと思いがちだからです。

なぜ私たちは、自分に甘く、他者に厳しいのでしょうか。その理由は、自己主張と自己正当化に明け暮れる私たちのあり方にあるような気がします。

社会で自己実現をするためには、自己主張をして、自分の正しさを証明する必要があります。「自分が悪い」などと言っていたら、自分の思いを主張できません。だから、「他者が悪い」とは言っても、「自分が悪い」という思いをもてなくなっているのだと思います。

一方、自己主張、自己正当化の中で生じる他者との摩擦《まさつ》に、どこか心が落ち着かないと感じているのも人々のあり方です。ただ、その心の不安定さの原因に気づくことは難しいと言わねばなりません。

なぜ私たちは、他者との摩擦に心を煩《わずら》わすのでしょうか。それは、私たちが日々、自己中心的に生きているからです。自己を拡大したいという欲求で生きているから、他者との摩擦が大きくなり、心身を煩わすのです。

現代社会に生きる人々は、日々、他者の言動に心身を煩わされて困っているでしょう。しかし、本当は他者のせいではありません。自己に執着しすぎるから、さまざまな煩いが生じていることが多いのです。

その自己中心、自己拡大の要求に生きている状態が、「煩悩」を具足しているということなのです。「煩悩」は、一つ一つ数えあげられるものではありません。いつも自分のことだけで精一杯で、自分の愚かさになかなか気づけない。そんな状態が「煩悩」に縛られている、ということです。

その私が「仏」になりたいと思うでしょうか。現実に生じる苦しみの原因を解き明かし、解決できる智慧を身につけたいと心底願うでしょうか。このような「煩悩具足のわれら」を、阿弥陀仏は、仏たらしめようとして本願を起こしたのです。ですから、本願の対象は「煩悩具足のわれら」、つまり自己中心を免《まぬが》れない私たちなのです。それを仏教では「悪人」と言うのです。

現代の「煩悩具足のわれら」は、「仏になりたい」とは思いません。自分のことで精一杯ですから、そんなことを考えている暇はないのです。仏とは何かを知りたいとも思わなければ、仏教に興味もありません。現代の言葉で言えば、「無宗教的状態」です。

とはいえ、「煩悩具足のわれら」である現代の私たちも、決して自己中心的な暮らしに満足しているわけではありません。心の底には、「もっと確かな生き方をしたい」という願いをもっているはずです。

世間では、「確かな生き方」を宗教に求める人もいます。しかし、第1章で述べたように、宗教を怪しいものだと思っている「無宗教」的立場の人は、「今の自分を変えろと迫られるんじゃないか」という恐れが先に立って、なかなか宗教に近づけません。

この第三条を読んでも、自分が「煩悩具足」だということ、「迷い」の世界をさまよっていることには思い当たる人が多いでしょう。しかし、だからと言って「あなたは悪人だ」という言葉はなかなか素直に受け入れられない。

そこで、もう一歩、工夫が必要です。第三条の「悪人」という言葉を理解するために、第十三条を読むのです。

『歎異抄』は、第一条から第十条までが親鸞の言葉、そのあとの第十一条から第十八条が親鸞の教えとは異なる主張（異義《いぎ》）に対する反論からなります。面白いことに、前半と後半は対応関係になっています。

全部にあてはまるわけではありませんが、第一条と第十一条、第二条と第十二条、そして第三条は第十三条に対応しています。前半の文章をより深く理解するためには、後半の異義の文章を読むことが役立つのです。

善悪は自分で選べない

第十三条は、第三条と深い対応関係にあり、「悪人」について別の視点から解説しています。その部分を見てみましょう。

そのかみ邪見《じゃけん》におちたるひとあて、悪をつくりたるものをたすけんといふ願にてましませばとて、わざとこのみて悪をつくりて、往生の業《ごう》とすべきよしをいひて、やうやうにあしざまなることのきこえさふらひしとき、御消息《ごしょうそく》に、くすりあればとて毒をこのむべからずとあそばされてさふらふは、かの邪執《じゃしゅう》をやめんがためなり。

（現代語訳）

親鸞聖人がまだ存命の頃、次のような誤った理解をした人がありました。「阿弥陀仏の誓いは悪をなした人間を助けるためのものなのだから」と言って、わざと好んで悪事をなし、往生を確実にしようとしたのです。当然のことですが、この人の振る舞いをめぐって、さまざまな悪評が立つことになり、聖人の耳にも届くようになりました。そこで聖人は手紙をお書きになり、「阿弥陀仏の誓願という薬があるからといって、煩悩という毒を好むべきではない」とお諭《さと》しになり、誤った理解への執着をやめさせようとされました。

ここには、第三条に書かれた「悪人正機」の教えを誤解する信者たちについて書かれています。彼らは、「悪人こそ救われるのならば、わざと悪いことをしよう」と言って、悪人ぶっていました。それに対する批判として、この第十三条が書かれたのです。

面白いことに、唯円は、悪人ぶっている人を批判する「真面目な念仏者」も批判しています。第十三条の冒頭です。

弥陀の本願不思議におはしませばとて、悪をおそれざるは、また本願ぼこりとて、往生かなふべからずといふこと、この条、本願をうたがふ、善悪の宿業《しゅくごう》をこころえざるなり。よきこころのをこるも、宿業のもよほすゆへなり。悪事のおもはれせらるるも、悪業《あくごう》のはからふゆへなり。

（現代語訳）

「阿弥陀仏の本願があるからといって、悪事を恐れないというのは、本願誇《ほんがんぼこ》りと言って、とても往生はできないのだ」と主張する人々がいますが、この主張は、かえって本願を疑うものであり、善と悪がともに「宿業」によって決まるということを心得ていない主張です。善心が生まれるのも、また悪事が思われ、行われるのも、ともに「宿業」がはたらくためなのです。

先に述べたような、悪人ぶる行為を、ここでは「本願誇り」と呼んでいます。本願念仏で救われることを頼みにして、わざと悪行をすることです。一方、「本願誇り」を批判するのは、かえって本願を疑うことだと唯円は言っています。なぜ、唯円は真面目な念仏者も批判したのでしょうか。

それは、「善悪の宿業をこころえざる」（善と悪がともに「宿業」によって決まるということを心得ていない）から。つまり悪人ぶる人を批判する人は、「人間は自由に善悪を選択できる」と誤解しているのです。悪いことをする人も、しない人も、自分で自分の行いを選んでいると思っていますが、それは間違った考えだ、と言うのです。

「宿業」とは何か

先の引用文の最後に「よきこころのをこるも、宿業のもよほすゆへなり。悪事のおもはれせらるるも、悪業のはからふゆへなり」とありました。善い心が生まれるのも、また悪事が行われるのも、ともに「宿業」がはたらくためだということです。

「宿業」の「宿」は過去、「業」は行為という意味です。つまり「宿業」は、過去の行為という意味になります。人は「宿業」というものに縛られた存在で、自由意志で善悪を選ぶことができないと唯円は言っています。

今の「私」は、過去の諸々の行為の積み重ねの結果として存在しています。「過去」とは、普通であれば自分が生まれたあとのことを指しますが、「宿業」には、生まれる前のことも含まれます。私を私たらしめている過去の行為は、今の私だけではなく、前世に行《おこな》ったことかもしれません。だとしても、その詳細を知る手立ては、私たちにはありません。

なぜこの人と出遇《であ》えたのか。なぜあの人と疎遠になってしまったのか。なぜこんな病気で苦しまなければならないのか。いずれも、自分では説明し切れません。生まれる前からの行為の結果と、無数の他者との関係が複雑に絡み合って生じた現象だからです。

そのような膨大な過去の行為の積み重ねを、普段、意識することはほとんどないでしょう。ただ、思いどおりにいかないときとか、思いもかけない結果が生じたときなどに、思わず我が身を振り返り、初めておぼろげに浮かびあがる意識、それが「宿業」というものではないでしょうか。

唯円が、「本願誇り」を批判する念仏者を批判したのは、彼らがこの「宿業」の存在をわかっていないからです。人間は「宿業」によって善や悪を行っているのであって、自分の意志によって善悪が選べるわけではないのです。

「千人殺せ」と親鸞は言った

人間は自分の意思によって善悪を選べず、「宿業」によって選ばされている。このことがよくわかる話が、第十三条の中にあります。

親鸞が、珍しく唯円に質問をするところから始まる会話です。

「唯円よ、あなたは私の言うことを信じるか」

「はい、親鸞聖人《しょうにん》」

「では、これから私が言うことも間違いなくそのとおりにするだろうね」

「謹んで承知しました」

「たとえばの話だが、人を千人殺してもらいたい。そうすれば、あなたの往生は定まることになる」

いきなり「千人殺せ」と師に言われて、唯円は困惑しつつ答えます。

「聖人の仰せではありますが、我が身の器量を思いますに、一人の人間でさえ殺すこともできません」

親鸞の言うことを間違いなく聞くと言ったのに、「できません」と答える唯円。それに対して、親鸞はなんと諭《さと》したのでしょうか。

これにてしるべし、なにごとも、こころにまかせたることならば、往生のために千人ころせといはんに、すなはちころすべし。しかれども一人にてもかなひぬべき業縁《ごうえん》なきによりて害せざるなり。わがこころのよくてころさぬにはあらず。また害せじとおもふとも、百人千人をころすこともあるべしと、おほせのさふらひしは、われらがこころのよきをばよしとおもひ、あしきことをばあしとおもひて願の不思議にてたすけたまふといふことを、しらざることをおほせのさふらひしなり。

（現代語訳）

「唯円よ、これでわかるであろう。何事も自分の意思で決めることができると言うのであれば、大事な往生のために千人を殺せ、と言うのだから、すぐさま殺人に取りかかることもできるはずだ。しかし、あなたはできないと言う。それはあなたには、一人の人さえも殺す「業縁」がないからなのです。自分の心がよくて人を殺さないのではありません。反対に、人を害しないでおこうと決めていても、「業縁」がはたらけば、百人でも千人でも殺すことになるのです」とおっしゃったのは、私たちが、ややもすれば、救済はあくまでも阿弥陀仏の本願の力による、ということを忘れて、自分たちの心がよければ往生のためになり、悪いことは往生のためにならないと思いがちであることを指摘されるためだったのです。

親鸞は、私たちの行為が「業縁」によって決まっているのだと言います。業縁の「業」は、「宿業」の「業」と同じく行為のこと。「縁」とは、間接的原因であり、偶然と言ってもよいでしょう。つまり「業縁」は、「宿業」をもたらす原因のことです。

「業縁」がはたらけば、人は殺人でもなんでもできる。私たちは「業縁」次第で何をするかわからない存在だということを、よく認識せよ。これが、親鸞が唯円に伝えた教えです。

「業縁」次第で何をするかわからない。そんな人間の恐ろしさに気づいた一人が、夏目漱石《なつめそうせき》でした。小説『こころ』の一場面、「先生」が大学生の「私」に語った言葉を見てみましょう。

それから、君は今、君の親戚《しんせき》なぞの中《うち》に、これといって、悪い人間はいないようだといいましたね。しかし悪い人間という一種の人間が世の中にあると君は思っているんですか。そんな鋳型《いかた》に入れたような悪人は世の中にあるはずがありませんよ。平生はみんな善人なんです。少なくともみんな普通の人間なんです。

それが、いざという間際に、急に悪人に変《かわ》るんだから恐ろしいのです。

（夏目漱石『こころ』岩波文庫）

人間というものは、どういう拍子《ひょうし》で変わるかわからない存在である。そのことをずっと凝視し続けてきた作家が、漱石です。このような不可解な人間のあり方は、鎌倉時代も、漱石の生きた明治時代でも、そして現代でも変わらないのでしょう。それが人間の本質だからです。

唯円は、自分に善悪を使い分ける力が備わっていると思い込んでいました。が、わざと悪い行いをしようとしても、それだけの「業縁」が備わっていないから、できなかったのです。心がけがよいからできないのではないのです。

「われらがこころのよきをばよしとおもひ、あしきことをばあしとおもひて」（自分の心がよければ往生できて、悪ければ往生できない）という考えは間違いだと、第十三条は示しています。唯円が、わざと悪行をする人だけでなく、彼らを批判した真面目な人も批判した理由は、これで理解できるのではないでしょうか。

「宿業」を自覚する

人間の暮らしは、巨大な「因縁果《いんねんか》」の絡《から》み合いの中で営まれています。「因」は直接的な原因、「縁」は間接的な原因です。「因」は必然、「縁《えん》」は偶然と言ってもよいでしょう。必然と偶然が複雑に絡み合って、「果」という結果を生む。その結果がまた次の「因」や「縁」になっていく。そういう「因縁果」の絡み合いの中で、この「私」があります。

厄介《やっかい》なことに、人間は自我というものをもっているがゆえに、「因縁果」の巨大な流れを自分に都合よく認識します。たとえば、お金持ちになれたのは自分に力があるからだと考える。自分に都合のいいようにしか世界を見ていないので、自分に対する過信が生まれます。何事も自分の思いどおりにできると勘違いするのです。そして、うまくいかないときには、人や環境のせいにしがちです。

そのような自分の全体像を、人間はどうしても知ることができません。自分を現在の自分たらしめているすべての「因縁」を知ることができないからです。自分が見ている私は、いわば「自分という色眼鏡《いろめがね》」で見ている私でしかありません。せいぜい、色眼鏡で見ているという自覚ができるぐらいです。

自分を自分の色眼鏡で見ている分には、自分に影響が及ぶだけですが、問題なのは、その色眼鏡で他人のあり方を批評するときです。

たとえば、「それはあなたの宿業ですよ。あなたは前世の業によってこうなっているのです」などと言う人が、世の中にはいます。そう言われて、相手は「そうか、宿業ならば仕方がない」と納得できるでしょうか。

「宿業」という言葉のこのような使い方は、まったく間違っています。「宿業」は、自分のあり方を自分で振り返るための言葉であって、他者に向かって用いる言葉ではないのです。

私がおのれを振り返って、我が身が「宿業」の産物に他ならないと認識できて初めて、「宿業」という言葉が生きてきます。それだけではありません。「宿業」を自覚することで、初めて阿弥陀仏の本願に出遇うことができるのです。「宿業」の自覚は、あくまでも自分が阿弥陀仏の本願に出遇うための「思想的な道具」なのです。

「宿業的存在」であることを受け入れる

ただ、「宿業」を自覚すると言っても、自分を自分たらしめている要因は無数にあり、ほとんど理解不能です。私たちは、そういう「宿業」を背負った、いわば「宿業的存在」であるという事実を受け入れることが大切なのです。

自分が「宿業的存在」であることがわかると、自分や他者を見る目が少し変わってきます。自分に都合のよい色眼鏡で見るよりも、はるかに複雑で豊かな世界が、私を私たらしめている。そう自覚すると、心に余裕が生まれてくるのです。

今の私は、よくわからないけれど、はるか昔からの無数の「業縁」があったからあるのであり、決して自分の努力だけではない。そう思えば、物事への執着の度合いが、少し緩やかになるかもしれません。他者に対しても、いくらか寛容になれるでしょう。

この第十三条の「宿業」という考え方を用いて、第三条の「悪人」を見直してみると、「宿業」が私をして「悪人」たらしめていることが、理解しやすくなると思います。

第三条において「悪人」と「煩悩具足のわれら」が強調されているのは、人間の本質が何かを教えるとともに、「実は私が悪人である」ということを教えるためです。そういう認識に至って、初めて阿弥陀仏の本願という救済原理に納得することができるのです。

そうでなければ、「悪人こそ救われる」と言われても、受け入れられるものではありません。我が身が「悪人」であり、「煩悩具足のわれら」であり、さらに「宿業的存在」であるというように、何度も自己を再確認しないことには、本願念仏の救済原理に納得することはできないのです。

悪人は悪人のままでいい

第十三条を、もう少し読んでみましょう。

さるべき業縁のもよほせば、いかなるふるまひもすべしとこそ、聖人はおほせさふらひしに、当時は後世者《ごせしゃ》ぶりして、よからんものばかり念仏まうすべきやうに、あるひは道場にはりぶみをして、なむなむのことしたらんものをば、道場へいるべからずなんどといふこと、ひとへに賢善精進《けんぜんしょうじん》の相をほかにしめして、うちには虚仮《こけ》をいだけるものか。願にほこりてつくらんつみも、宿業のもよほすゆへなり。されば、よきこともあしきことも、業報《ごうほう》にさしまかせて、ひとへに本願をたのみまいらすればこそ、他力にてはさふらへ。

（現代語訳）

「しかるべき業縁がはたらくと、思いもかけない振る舞いをするのが人というものです」と聖人が仰せになっていましたのに、現在は、往生をいかにも願う殊勝《しゅしょう》なふりをして「善人だけが念仏をするべきだ」と主張したり、あるいは、念仏者が集う道場の入り口に、「これこれのことをした者は道場へ入るべからず」と禁制の貼り文をしたりする始末です。これは（法然上人や親鸞聖人が厳しく批判された）、うわべだけを飾り、内心の虚《むな》しさに気づかぬ悲しい行為ではありませんか。

本願に甘えて作る罪も宿業がはたらいて生まれたものなのです。ですから、よいことも悪いことも、業報（行為の結果）に任せて、ひとえに阿弥陀仏の本願を頼むことが他力に乗じるということでありましょう。

悪人ぶる人を批判する「真面目な念仏者」のすがたが具体的に描かれています。自力で修行ができる（と思い込んでいる）「自力作善のひと」たちですね。彼らは自分が宿業的存在だと自覚していないから、「賢善精進の相をほかにしめして、うちには虚仮をいだける」（うわべだけを飾り、内心の虚しさに気づかぬ）のだと唯円は歎《なげ》いています。

彼ら「善人」が、もし「宿業的存在」だと自覚できれば、どうなるでしょうか。どれほど自力の修行をしても、煩悩のコントロールはできず、戒律の遵守《じゅんしゅ》も瞑想の実践も、すべて中途半端に終わるしかないことが了解できるでしょう。そうであれば、「自分もまた悪人である」とわかるはずです。

「よきこともあしきことも、業報にさしまかせて」の「業報」とは、行為の結果のことです。「業報にさしまかせて」は、いちいち行為の結果に心を揺り動かされずに、それはそれとして受け入れながら過ごす生き方です。

私たちは、意識的に、あるいは無意識に引き起こしている行為の結果に、常に心を揺り動かされています。しかし、本願念仏の支えがあれば、いちいち動揺しなくて済みます。

さらに言うと、称名念仏という「行」を実践するようになれば、「業報にさしまかせて」という生き方ができます。

称名をすると、阿弥陀仏が「私の中ではたらく」と前章でお話ししました。阿弥陀仏が念仏そのものとなって、私の中ではたらくと、諸々の「業報」がどのようなものであろうとも、死ぬほどの苦しみや、どうしようもない閉塞《へいそく》状況などが生じることはありません。阿弥陀仏の「摂取不捨《せっしゅふしゃ》」のはたらきを受けているからです。「業報にさしまかせて」生きる人は、「悪業」にひるむことなく、「善行《ぜんこう》」におごることもありません。

多くの宗教は、「悪人」から「善人」への転換を要求します。しかし本願念仏においては、「悪人は悪人のままでいい」のです。

大事なことは「口伝」で教える

ここまで「悪人正機」についてお話ししてきましたが、「善人なをもて往生をとぐ、いはんや悪人をや」という言葉に納得できたでしょうか。この言葉は、親鸞が法然から聞いた教えです。第三条の最後には、その証拠である「おほせさふらひき」という言葉が付されています。

しかしながら、法然の法語である「黒田の聖人へつかはす御文《おふみ》」の中には、興味深い記録が残っています。法然が、「罪人なほむまる、いはむや善人おや」（罪人でも浄土に生まれるのだから、どうして善人が生まれないわけはあろうか）と教えているのです。

罪人でさえ救われるのだから、善人はもちろん救われる。これは、「悪人正機」とは逆の、常識的な言葉ですね。この文章が残されているために、「悪人正機」は「法然ではなく親鸞の教えだ」という説が生まれました。

しかしこの言葉は、法然が一般の人に「小さな罪も犯さないように」と教えるための方便だと言われています。「悪人こそが救われる」という教えは誤解が生じやすいから、まずは小罪を犯さないことがいかに難しいか、気づかせようとしたのです。

人間というものは、「罪を犯さないようにしよう」と思っても、自分の力で実現することは難しいものです。悪業から免れることができない自分に気づいて、初めて人は「煩悩具足」であることがわかります。その段階で、法然は「悪人正機」を「口伝え《くちづた》」で教えました。自己のあり方について一歩理解を深めた人に、「実はこういう教えがある」と、二段構えで伝えたのです。

つまり、阿弥陀仏の本願に近づいてもらうために、最初は難しいことを言わず、わかりやすい教えを伝えたのですね。そして理解できた人だけに、直接、「悪人こそが救われる」と口頭で伝えた。法然は、相手に合わせて教えを使い分ける人だったわけです。

では、なぜ口伝えであったのか。それは、「善人なをもて往生をとぐ、いはんや悪人をや」という言葉が、極めて誤解を招きやすいからです。誤解されないためには、直接、口で伝えることが有効なのは、現代でも同じです。また、大事なことは、師から弟子へ口伝《くでん》で受け継いでいくのが当時の常識でした。

法然から親鸞へ口伝されてきた本願念仏の教えは、唯円に至って文字化されました。唯円は、もう口伝では正しく伝えていくのが難しいと感じたのかもしれません。『歎異抄』を貫いているのは、「他力の仏教」です。「悪人正機」も「他力」を前提にした考え方です。しかし、「他力」の理解は容易ではありません。「他力の仏教」には、それに通じた人から話を聞くというプロセスが、どうしても必要なのです。自分の知識だけでは、「他力」の世界を理解することはできません。

では、「他力」とは何か。この問題については、次章でお話ししましょう。

第4章

他力をえらぶ

「他力」とは何か

これまで、「本願念仏《ほんがんねんぶつ》」は「他力《たりき》の仏教」だとお話ししてきました。「他力」という言葉は、「他力本願」と言うように、日常的には、自分で努力せずに人任せにすることを指します。しかし、これは「本願念仏」における「他力」とは、まったく違う使い方です。

「他力」という言葉は、インドから渡来した仏教語を漢訳したものではなく、もともと中国にあった俗語だと言われています。日常的に使われている言葉を、中国南北朝時代の曇鸞《どんらん》という僧が、初めて『浄土論註《じょうどろんちゅう》』に採用しました。

この言葉が使われたことで、仏教には「自力《じりき》の仏教」と「他力の仏教」があることが明らかになりました。従来の仏教の区分を、より明確にした言葉だと言えましょう。

では、「他力」とは何か。その答えは「阿弥陀仏《あみだぶつ》の本願の力」です。『歎異抄』第十六条にはその「他力」の説明があります。読んでみましょう。

すべてよろづのことにつけて、往生《おうじょう》には、かしこきおもひを具《ぐ》せずして、ただほれぼれと弥陀《みだ》の御恩《ごおん》の深重《じんじゅう》なること、つねにおもひいだしまいらすべし。しかれば念仏もまうされさふらふ。これ自然《じねん》なり。わがはからはざるを、自然とまうすなり。これすなはち他力にてまします。

（現代語訳）

万事につけて、浄土《じょうど》へ生まれるためには、すべて利口ぶらずに、ただ、我を忘れて阿弥陀仏のご恩の深重であることを、常に思い出すのがよいのです。そうすれば、念仏も自然に口をついて出てくるようになるでしょう。これが、阿弥陀仏のおのずからのはたらきです。私があれこれと考えたり、按配《あんばい》したりしないこと、それを「おのずから」と申すのです。それがとりもなおさず他力ということです。

あれこれ考えたり、按配したりするのではなく、阿弥陀仏のおのずからのはたらきに任せること。その阿弥陀仏のはたらきが「他力」である、と書かれています。日本では、「他力」という言葉が一般化するにつれて、大きく意味が変わってしまいました。先ほどあげた「他力本願」は、その代表例です。「他力本願」の本来の意味は、「阿弥陀仏の本願」のことです。その本願に乗じて仏となることを願う、それが「他力」に任せるということです。それがいつの間にか、もっぱら他人をあてにする、という意味になりました。

思えば、このような変化が生じるのは、「他力」が私たちが使う日常語ではないからでしょう。しかし、「他力」の本来の意味が理解できる方法があります。それは「他力」によってあぶり出されてくる宗教意識に注目することです。『歎異抄』を初めて読む方は、随所にいわば違和感を覚える言葉遣いに出遇《であ》われるでしょう。その多くが「他力」にもとづいているのです。ですから、そうした違和感を手がかりに「他力」を理解することも可能なのです。

私の場合、「他力」を選択した結果、日本人の心の「非他力」的な特徴がはっきりとわかるようになりました。言い換えれば、「他力」の念仏と、日本人の宗教的精神の落差・異質性に気づかされたのです。
今回は、『歎異抄』に見られる「他力」と「非他力」的なものの考え方との間に生じた違和感に焦点をあてたいと思います。

日本に根づく「追善供養の念仏」

「他力」を選ぶということは、すなわち本願を信じて念仏をするということ。しかし、日本の宗教的世界の中には、それとはまったく異なる念仏があります。『歎異抄』第五条には、その問題が提起されています。

親鸞は、父母《ぶも》の孝養《きょうよう》のためとて、一返《いっぺん》にても念仏まうしたること、いまださふらはず。そのゆへは、一切の有情《うじょう》はみなもて世々《せせ》生々《しょうじょう》の父母《ぶも》兄弟《きょうだい》なり。いづれもいづれも、この順次生《じゅんじしょう》に仏になりてたすけさふらふべきなり。わがちからにてはげむ善にてもさふらはばこそ、念仏を廻向《えこう》して父母をもたすけさふらはめ。

（現代語訳）

私、親鸞は父母の追善供養《ついぜんくよう》のためと思って、一度でも念仏を申したことはありません。そのわけは、一切の人々はすべて、輪廻《りんね》の世界を流転する間に、父となり母となり、兄弟姉妹となってきたのであり、どなたであっても、次に浄土に生まれて仏となったときに救うことができるからです。念仏が自分の努力によって励む善行《ぜんこう》であるのならば、その念仏を振り向けて父母をも助けることができるでありましょう（しかし、本願念仏はそのような念仏ではありません）。

親鸞は、「父母の孝養のためとて」、つまり身内の追善供養（故人の冥福《めいふく》を祈る供養）のために念仏をしたことは一度もないと言います。これは、非常に重い言葉です。一般的な日本人が念仏に出遇うのは、ほとんど追善供養の場です。したがって日本人にとっての念仏は、「亡き肉親の死後の安楽を願うこと」が中心になっています。なぜ、日本人はこれほど追善供養に関心をもつのでしょうか。また、なぜ追善供養に念仏を用いるのでしょうか。

それは、日本人の宗教心の大部分が「自然宗教」によって作られているからです。死んだ人の霊魂は穢《けが》れていて、その穢れを取り除かないことには、死者は清浄な「ご先祖」にはなれない。放っておくと、魂《たましい》がさまよい、場合によっては祟《たた》りをなす。

このような「自然宗教」の言い伝えが信じられているので、死者の穢れを清めることが大事なしきたりになっているのです。

死者のための念仏と『歎異抄』の念仏

「自然宗教」では、「人間は穢れが多い存在だ」と考えられています。神社に行けば、手を洗って口をすすぐ「御手洗《みたらし》」がありますね。人間は穢れているから、神に詣でる前に身を清めるのです。

六月には各地の神社で「茅の輪《ちのわ》くぐり」という年中行事が行われます。「チガヤ」という草で作った大きな輪をくぐり、身についた穢れを払うのです。こういう人間の穢れを払うための行事は、日本各地に数え切れないほどあります。

その中で、死んだ人の霊魂は、特に穢れていると考えられてきました。そして穢れを念仏で取り除かなければ、清らかなご先祖にはなれないと、いつしか信じられるようになったのです。

考えてみると、これは深刻な問題を含んでいます。親鸞は「死者のための念仏は一回もしたことがない」と言っているのに、現代の日本では、念仏と言えば、ほとんど死者のためのものです。

特に仏教教団は、死者のための法要で成り立っているようなものです。教団によっては、『歎異抄』に示されている本願念仏の教えにしたがいながら、死者の供養のために念仏を行うという矛盾が、いつの間にか起こってしまっているのが現状です。

追善供養というのは、実のところ、生きている人間のためにあるのだと思います。自分が生きているうちに亡き肉親の供養を一番大切にしていれば、死後は子孫が供養してくれる。そのように考えて、死後の安楽については、順送りで人任せにしているのです。

つまり「自然宗教」では、自分のあり方を問うよりも、「死者の霊をどうするか」についてのやり取りが中心になります。「人間存在の不条理を根本から解決する」という視点は、ないとは言いませんが、非常に弱いのです。

ここには、日本人の人生に対する主体性のなさが表れているようにも思われます。自分の人生をどうするか、死後はどうしたいのかを自分で決断するという主体的な営みが欠けがちだということです。間違った意味の「他力本願」と言ってもよいかもしれません。

一方で親鸞は、たとえ自分の両親であろうと、死者のために念仏をしたことは一度もないと言います。この言葉は、とても大切なもののように私には思えます。

ここにあるのは、「阿弥陀仏の本願」という「他力」に対する絶大な信頼です。「阿弥陀仏の本願」は、すべての人々を仏にするので、自分の力で亡き人を成仏《じょうぶつ》させる必要はないのです。

『歎異抄』の教える念仏は、私が仏になるための唯一の方法なのです。

すべての人が「父母兄弟姉妹」

いま引用した第五条には、さらに大切な文章がありました。それが「一切の有情はみなもて世々生々の父母兄弟なり」という一文です。すべての人々は、輪廻の世界を流転する間に、父や母、兄弟姉妹となってきた、という意味です。

背景にあるのは、前述の「輪廻転生《りんねてんしょう》」の考え方です。人間はこの世に何度も生まれ変わっているから、お互いにいつかどこかで父母兄弟姉妹の関係になっていたことがあるかもしれない。「いづれもいづれも、この順次生に仏になりてたすけさふらふ」（どなたであっても、次に浄土に生まれて仏となったときに救うことができる）から、今の肉親だけを供養する必要はないのだ、と親鸞は言うのです。

古代インド人が、なぜ「輪廻転生」という考え方を生み出したかと言うと、この世を生きる人間の苦しみの根があまりにも深すぎるからです。

人間の罪の深さや不条理の複雑さ、人間であることの悲しみの根をたどっていくと、現世だけでは解決し切れないことがわかります。苦しみの原因は、前世にも及び、さらに来世にも続くのです。過去・現在・未来、いわば三世《さんぜ》に及ぶ長いスケールで、人間の苦しみを捉えたのが「輪廻転生」の思想です。その輪廻から抜け出す方法を追求して、実現するための教えが仏教なのです。

仏教では、自分を含めたすべての生命は輪廻の輪の中にいて、「今、ここ」だけに限定できない関係の広がりをもっていると考えます。自分の存在の因果関係をたどっていくと、すべての生きとし生けるものにつながると言われているほどです。

「世々生々」という言葉には、そういう大きな生命の流れが託されていると思います。にもかかわらず、私たちは現世の肉親だけを「父母兄弟姉妹」と呼び、他の人たちは文字どおり他人だと思っているのです。それが私たち人間の限界であり、悲しさでもあります。

私たちは、自分の理解を超える因果関係を、どうしても認識できません。そして、認識できない世界は、ないことにしてしまいます。

すべての関係性を理解できる能力を「智慧《ちえ》」と言うのですが、残念ながら、私たちにはそうした「智慧」はまるでありません。時空を超えた大きな因果関係のネットワークの中で、自分の理解できる範囲だけを「世界」だと思っているところが、人間の愚かさであり、悲しさです。

「一切の有情はみなもて世々生々の父母兄弟姉妹だ」という認識は、自分の関心だけで世界の広さを決める愚かさを指摘した言葉とも言えます。

繰り返しますが、親鸞が「死んだ肉親のために念仏をしたことは一度もない」と言う理由は、「一切の有情はみなもて世々生々の父母兄弟姉妹だ」という認識に立っているからです。この認識があれば、自分の肉親である「特定の父母兄弟姉妹」の供養は念頭に生じないでしょう。これは、「本願念仏」の教えである「他力」の大事なポイントです。

先ほど引用した第五条には、「わがちからにてはげむ善にてもさふらはばこそ、念仏を廻向して父母をもたすけさふらはめ」という文章もありました。念仏が自分の力で励む「善」であるならば、その善を亡き人に手向《たむ》けて往生を願うことが起こり得るかもしれない。しかし、念仏は阿弥陀仏が工夫して私たちに与えてくれている「他力」そのものです。その「他力」の念仏を、自分の力の成果として亡き両親を助けるために使うのは、おかしな話ではないか。親鸞は、こう言っているのです。現世の両親は、自分を生み育ててくれた大事な人ですが、私を私たらしめている人間関係の一部でしかありません。ご先祖に感謝の気持ちで手を合わせるのも大切なことですが、それだけで終わってはいけない。『歎異抄』第五条は、このように教えています。

念仏は罪滅ぼしになる？

追善供養の他に、もう一つ気になる念仏があります。それが「滅罪《めつざい》の念仏」です。『歎異抄』第十四条を読んでみましょう。

一念に八十億劫《はちじゅうおくこう》の重罪《じゅうざい》を滅《めっ》すと信ずべしといふこと、この条は、十悪《じゅうあく》・五逆《ごぎゃく》の罪人、日ごろ念仏をまうさずして、命終《みょうじゅ》のときはじめて善知識《ぜんぢしき》のをしへにて、一念まうせば、八十億劫のつみを滅し、十念まうせば、十《と》八十《はちじゅう》億劫の重罪を滅して往生すといへり。これは十悪五逆の軽重《きょうじゅう》をしらせんがために、一念十念といへるか。滅罪《めつざい》の利益《りやく》なり、いまだわれらが信ずるところにをよばず。

（現代語訳）

念仏を一回称《とな》えるだけで、未来に久しく受けなければならない苦しみの原因となる重罪を消滅させることができると信ずべきだ、という考え方があります。この考え方は、滅罪の効能を信じて念仏するという立場です。念仏者たちも、殺生《せっしょう》を初めとする十悪や父母を殺すなど五逆と呼ばれる罪を犯した人は、日頃、念仏をすることはなくとも、臨終に際して、初めて先達《せんだつ》（善知識）に出遇い、その教えにしたがって一回の念仏をするだけで、「八十億劫」の罪を滅し、十回念仏すれば、その十倍の罪を滅して往生ができる、と言っています。これは、一回や十回という数字で、十悪と五逆のいずれが重罪であるかを教えようとしているのでしょう。とても私たちが信じる念仏には及びません。

「滅罪」、つまり自らの罪滅《つみほろ》ぼしのために念仏をするという考え方が、当時から日本にはありました。念仏に対して滅罪を期待する当時の人々の思いは、私たちの想像以上に強かったでしょう。なぜなら、鎌倉時代には武士階級があったからです。武士は殺人という罪を背負っているから、滅罪への思いが切実だったのです。

「念仏だけをすればよい」

法然の弟子にも、鎌倉武士が多くいました。最も有名なのは、熊谷次郎直実《くまがいじろうなおざね》です。平敦盛《たいらのあつもり》を討ったことで、歌舞伎《かぶき》の演目にも登場する人物です。

直実は、自分が後生《ごしょう》（生まれ変わったのちの世界）で救われる方法を教えてほしいと思い、法然の弟子・澄憲《ちょうけん》を訪ねました。

澄憲を待っている間に、直実はおもむろに刀を抜いて、砥石《といし》で研ぎ始めました。周りの人たちがびっくりして、「いったい何をするつもりか？」と聞くと、直実はこのように答えました。

私が後生に救われる道を尋ねたら、「お前のようにたくさん人を殺してきた悪人が救われるとすれば、命を差し出す必要がある」と言われるかもしれない。だから、すぐさま腹を切れるように、こうして刀を研いで待っているのだ、と。

澄憲は、自分の手に負える人物ではないと思い、直実を法然のもとへ送りました。そこで直実が必死に「こんな自分が救われるには、どうすればいいですか？」と問いかけたところ、法然の答えは、「念仏だけをすればよい」というものでした。お前が何人殺してきたか、犯してきた罪が重いか、軽いか。そんなことは一切問題にならない。ただ念仏さえすれば往生するのだ。それを聞いた直実は、泣き出したそうです。

この話には、仏教には滅罪への期待がいかに強かったかがよく見て取れます。自分が生前に犯してきた罪をなかったことにする方法を、仏教に期待していたということです。

滅罪は、その名のとおり、罪を滅す、ゼロにすることです。罪をゼロにすれば、「清浄な自分」になれるという思想が、日本には根づいていました。「自然宗教」の「穢れ」の思想から生まれたものだと思います。

罪は自分の外から来たものであり、取り除けるものだ。私が罪を背負っていても、それを除けばきれいな私になれる。自分の生命は、根本的に清らかなものだという意識が、そこにはあります。

しかし、仏教で語られる罪は、そのような軽いものではありません。仏教では、自分の存在自体が罪悪だと言うのです。

「私の罪」ではなく「私が罪」

仏教で言う罪とは、どのようなものか。法然の遺文の中から、明遍《みょうへん》という僧との問答を要約して紹介します。明遍は、法然に次のような質問をしました。

「念仏をしていても、自分の心がちりぢりに乱れて集中できません。こんな念仏でもよいのでしょうか?」

それに対する法然の答えは、このようなものでした。

「心が散乱するまま、念仏するのがよろしい。私たちの心から、散乱する心を取り除くことは不可能です。それはちょうど、私たちから目鼻を取り除けないのと同じです」

ここで法然が言いたいのは、「散乱する心を私が所有している」のではなく、「私が散乱しているのだ」ということです。

前章で、すべての人間は「煩悩具足《ぼんのうぐそく》のわれら」だとお話ししました。そう言われて、「私にも煩悩があるんだ」と思ったでしょうか。実は、その程度の認識では足りません。私が煩悩を所有していて、何かの弾みに煩悩を取り除けると考えているのならば、大間違いです。「私の煩悩」ではなく、「私が煩悩」なのです。

言い換えれば、「私の罪」ではなく、「私が罪」なのです。「罪は私そのものだ」というのが、「本願念仏」の考え方です。厳しい言い方ですが、「罪を滅ぼしたら私が清らかな存在になる」のは、「浄土」に生まれて「仏」になったときでしょう。

「本願念仏」は、私たちを仏にするための念仏であって、私の滅罪の役割をするものではありません。滅罪の念仏は、「自然宗教」化した念仏と言ってよいと思います。「他力」の念仏を選べば、そのような違いにも気づくようになります。「他力」に任せて念仏をしていれば、滅罪の念仏の内容が、本来の「本願念仏」と違うことがわかってくるでしょう。同じように念仏をしていても、滅罪の思いがあれば、「自力」の念仏になってしまうのです。

すべてを「他力」に任せる

「他力」の念仏を選択すると、日本人の宗教心の課題が、他にもさまざま見えてきます。第十六条の冒頭を読んでみましょう。

信心《しんじん》の行者《ぎょうじゃ》、自然《じねん》に、はらをもたて、あしざまなることをもおかし、同朋同侶《どうぼうどうりょ》にもあひて、口論《こうろん》をもしてはかならず廻心《えしん》すべしといふこと、この条、断悪修善《だんあくしゅぜん》のここちか。

（現代語訳）
「阿弥陀仏の誓願《せいがん》を信じて念仏する者は、腹を立てたり、不都合なことをしたり、信仰の仲間たちと出遇って口論したときには、おのずから必ず心を改めねばならない」と主張する人々がいます。こうした主張をする人々は、悪を断じ、善を修めることができるという心地でいるのでしょうか。

本願念仏の信者であるからには、腹を立てたり、悪いことをしたり、口論したりするはずはないが、もしそういう行為をしてしまったときには、改心するべきである。一見、もっともな教えのようにも思えます。しかし、このように主張しているのは、「本願念仏」を誤解している異義者《いぎしゃ》たちです。

ここには、二つの大きな問題があります。一つは、信心のある人間は腹を立てたり口論したりはしないと思っていることです。

私たちは、ある人が「○○教の信者」だとわかると、「怒ることもないんだろうな」とか「お酒も飲まないんだろうな」などと妙なレッテルを貼りがちです。信仰心をもっているというだけで、普通の人とは違う心のあり方をしていると勝手に思い込んでいるのです。

その信仰心の深い人が泣き叫んでいると、「あの人は○○教の信者なのに、あんなに取り乱すなんて」と思ってしまう。しかし、人は本当に悲しいときには泣き叫ぶものです。それを抑えるのが信仰心だとは言えません。普通の人にはもてない特別の心持ちがあるのが宗教者だというのは、思い込みです。念仏者であっても、普通の人と同じように、泣くときは泣くし、怒るときは怒ります。

もう一つの問題は、異義者たちが「かならず廻心すべし」、悪いことをしたときには反省して心を改めよ、と言っていることです。「念仏者は、誤った行為をしたらすぐさま心を改めることができるはずだ」と思っているということです。

間違ったことをしたら反省する。それは、「他力」の仏教ではなく、道徳の世界の話です。第十六条で異義者たちが言っていることは、「本願念仏」ではなく、「道徳的に正しくあるべきだ」という話にすぎません。「本願念仏」という「大きな物語」を、道徳的なレベルに引き下げる考え方だと言ってもよいでしょう。

そのため、唯円は「断悪修善のここちか」と言っています。それは、悪を断じ、善を修めることができるという道徳の立場であり、決して「本願念仏」ではない、と批判しているわけです。

「本願念仏」を選んだ人であれば、自分が正しい行いをするか、悪い行いをするかは、自分で選べるものではないことを知っています。人間は「煩悩具足のわれら」であり、私が罪そのものであるから、道徳的に正しくない行いをすることも、当然あるでしょう。そこですべきことは、自力で「心を改める」ことではありません。どんな悪人でも、いや、悪人だからこそ、阿弥陀仏の力という「他力」によって救われていくしかない、と納得することです。

自分の心を変えようとするのではなく、すべてを「他力」に任せて、ひたすら念仏を称《とな》える。これが「他力の仏教」です。だから「本願念仏」は、道徳の問題なのではありません。

しかし、日本人の中で道徳と宗教の区別ができる人は、あまり多くありません。と言うのも、日本社会の中で「宗教とは何か」ということを学ぶ機会がほとんどないからです。学んでいたとしても、それは「自然宗教」的な意味合いの宗教です。「宗教とは何か」がわからなければ、物事の判断が道徳中心になるのは当たり前です。

師であることを拒否する親鸞

「他力」を選択すると、新たに見えてくる日本人の宗教的課題を、もう一つあげます。第六条の冒頭を見てみましょう。

専修念仏《せんじゅねんぶつ》のともがらの、わが弟子、ひとの弟子といふ相論《そうろん》のさふらふらんこと、もてのほかの子細《しさい》なり。親鸞は弟子一人ももたずさふらふ。そのゆへは、わがはからひにて、ひとに念仏をまうさせさふらはばこそ、弟子にてもさふらはめ、ひとへに弥陀の御《おん》もよほしにあづかて念仏まうしさふらふひとを、わが弟子とまうすこと、きはめたる荒涼《こうりょう》のことなり。

（現代語訳）

専修念仏の同朋方《どうぼうがた》が、自分の弟子だ、人の弟子だと言い争っているようですが、思いもよらない事態であります。親鸞には、弟子と言うべき人は一人もおりません。そのわけは、自分の力によって人に念仏させることができましたら、その人を弟子と呼ぶこともできるでしょう。しかし、（専修念仏においては）人はもっぱら阿弥陀仏の御うながしをこうむることによって念仏するのでありますから、その人を我が弟子と言うことは、まことに尊大な言い分と言わねばなりません。

これまでお話ししてきたように、親鸞には事実上、少なくとも三十九人の直弟子がいましたが、親鸞自身は、「弟子と言うべき人は一人もいない」と言っています。その理由は、一人一人の信心は、すべて阿弥陀仏から賜《たまわ》ったものだからです。親鸞自身が信心を授けたのならともかく、阿弥陀仏が信心を授けた人を弟子と呼ぶのはおかしい。だから、親鸞は一人も弟子をもっていないと断言するのです。いわば、カリスマ的指導者になることを拒否しているのです。

親鸞が「弟子一人ももたずさふらふ」と言わざるを得なかった背景には、「善鸞《ぜんらん》事件《じけん》」があると言われています。第2章でも触れたように、親鸞は六十代で関東から京都へ戻ったのち、自分の代わりに長男の善鸞を関東へ派遣しました。

派遣された善鸞は、しかし関東でおかしな振る舞いをします。「自分は親鸞から特別の教えを授かった。自分以外の弟子たちの言っていることは全部嘘《うそ》である」というでたらめを吹聴《ふいちょう》して、関東でカリスマ的指導者になろうとしたのです。その行状《ぎょうじょう》が耳に入り、親鸞は我が子を義絶するという悲しい決断をするに至りました。

善鸞は、自分は「親鸞の子」だから特別な力があると示唆して、関東の弟子たちを攪乱《かくらん》していました。特別な力とは、言い換えれば「霊力」です。

臨終間際の人がいたら、死の床《とこ》にお坊さんを呼ぶことがあります。これは、お坊さんの霊力を期待しているのです。死という危機的状況に立ち合ってもらい、その霊力によって死を超えていこうという考え方は、法然の時代からありました。しかしこれは、「本願念仏」とはなんの関係もない、「自然宗教」的な考え方です。

今でも、日本人は霊力のある人に対して畏怖《いふ》や期待を強くもつ傾向があります。特別な修行や苦行をした人には特別な力があると思い、理屈抜きでひれ伏してしまうのです。

ついでに言えば、日本人は血筋というものにも弱い。善鸞も、親鸞の子だということで、人々を信じ込ませていました。

親鸞が「弟子一人ももたずさふらふ」と言ったのは、霊力や血筋を根拠にするカリスマ的指導者を否定する意味もあったのだと思います。そう考えると、とても深い発言です。

本願念仏に不可欠な「よき人」

弟子を一人ももたないと言う親鸞ですが、法然のことは「よき人」と呼んでいます。第2章で触れた第二条に「よきひとのおほせをかぶりて、信ずるほかに別の子《し》細《さい》なきなり」（法然上人の教えを受けて、それを信じる他に、特別の理由はない）という文章がありました。「よき人」は、「阿弥陀仏の物語」を伝えてくれる指導者です。唯円にとっては、親鸞が「よき人」でした。

自分が「よき人」に出遇うと、そこで初めて「物語を聞く」ことが始まります。「物語」を聞いた人は、どうすればいいか。そのことが『歎異抄』第二条の最後に、示唆されています。親鸞は、自分が法然から教えを受けたことについて淡々と語ったあと、こう言い放ちました。

このうへは、念仏をとりて信じたてまつらんとも、またすてんとも、面々《めんめん》の御《おん》はからひなりと、云々《うんぬん》。

（現代語訳）
かくなるうえは、皆さま方が念仏の教えを信じようと、また反対に捨ててしまわれようと、それはお一人お一人のお考え次第なのです。

親鸞は、「私の物語を了解するかしないかは、皆さんの判断です」と言っています。つまり、聞き手に判断を委ねているのです。

大事なことは、「物語」を聞くだけでなく、その「物語」を採用するかどうか、自分で決断することです。どんなに素晴らしい教えであっても、師から弟子へ伝えるだけでは弟子の身につきません。道を求めている人が自ら決断しないかぎり、

「物語」は本人のものにはならないのです。

たとえて言うならば、馬を水飲み場まで連れていくことはできても、水を飲むかどうかは馬次第だということです。他の人からの働きかけは縁でしかなく、その縁をもとに選択するのは、あくまでも自分です。

そう考えると、「よき人」はカリスマ的指導者ではないとわかります。「よき人」と弟子の間には、絶対的な服従心は生じません。弟子は、「よき人」の教えを聞いて、「この考え方ならば問題を乗り越えていくことができる」と、一つ一つ確かめて納得していきます。この過程がなければ、「阿弥陀仏の物語」を自分のものにすることはできません。そこには、絶対的なカリスマ性のある指導者が成立する余地はありません。

「本願念仏」を選ぶ人にとって、「よき人」との出遇いは不可欠です。「よき人」は、人間の悲惨さにたじろがず生きていく根拠を教えてくれる存在です。逆に言えば、人間の悲惨さというものが痛いほどわかっていることが、「よき人」と出遇うための条件なのです。

「よき人」と出遇うためには、人間の悲惨さについて自覚すること。そして「大きな物語」に納得して、「この人が自分のよき人だ」と決めることが必要です。すべて聞き手の問題なのです。

生きる根拠として「他力」を選ぶ

ここまで、「本願念仏」における「他力」とは何か、また「他力」を選ぶことで生じる違和感、すなわち「日本人の宗教的精神の課題」についてお話ししてきました。その課題は、「他力」を選ぶこと、つまり阿弥陀仏の本願を自分の生きる根拠として選ぶことで、初めて気づくものです。

「他力」を選ぶことで生じる違和感は、周りの人との間に一種の緊張関係を生むことになりがちです。はっきり言えば、社会から浮いてしまうのです。日本の精神風土の中で、「本願念仏」というのは、ある意味、特異な教えだからです。

しかし、前にもお話ししたとおり、私たちは常識的な考え方ではどうしても乗り切れない人生の危機というものに、どこかで一度はぶつかります。そこで初めて、危機に対応する「物語」があるということに、目が開くかもしれない。もし目が開いたら、その「物語」を何度も聞くことが必要になってきます。

人間の悲惨さに直面した人は、「他力」を選択せざるを得ません。社会から浮いてしまおうが、人間として生きていくためには、どうしても「他力」の教えが必要なのです。

「他力」の教えは、極めて簡単です。「阿弥陀仏の誓願を信じて念仏せよ」。要求されているのは、これだけです。「南無阿弥陀仏」と称えるだけですから、これほど簡単なことはありません。

「南無阿弥陀仏」は極めて簡単な言葉だけれども、この言葉だけが、人間が真実の世界につながる道なのだということを、『歎異抄』は教えてくれます。それに納得するためには、繰り返し「阿弥陀仏の物語」を聞き、『歎異抄』を読む。このことが、私たちが「他力」を選ぶための作業となるのです。

第5章

不条理を生き抜くために

不条理な世界を生きる私たち

私たちが生きる現代では、世界の富豪上位二十六人が保有する資産の合計額が、世界人口の下位半数（三十八億人）の保有資産と同額だと言われています（『ニューズウィーク』日本版、二〇一九年一月二十二日）。とても承伏《しょうふく》し難い、ひどい経済格差が生じているのです。

日本でも、およそ七人に一人の子どもが相対的貧困の状態にあることがわかっています。非正規雇用で働く若者が増えたことで、自殺者が増加したとの分析もあります。

このような社会の「不条理」は、いつの時代もあり、人々が解決に努力してきました。しかし、解決の糸口が見えてくることはありません。志はあっても、利害関係が一致しないとか、既得権益を手放せないとか、さまざまな壁に阻《はば》まれてしまうのです。

社会における不条理だけでなく、個々の人生における不条理に苦しめられている人も、おおぜいいます。真面目に努力しながら生きているのに、ある日突然、病気になったり、けがをしたり、裏切られたり傷つけられたりする人たちです。さらに、最終的には誰もが、どれほど抵抗しても「死」に直面します。まことに人生は不条理の連続です。

さまざまに努力しても不条理を解決できなければ、人間は絶望します。そこで改めて、「人間はなんのために生まれてきたのか」「人生の目的はどこにあるのか」という、人間存在の根本について考えます。しかし、それに対する答えはなかなか出ません。

そういう人間存在の根本的な矛盾や不条理というものに対して、『歎異抄』は、一つの道筋を教えてくれます。

『歎異抄』のよりどころ

『歎異抄』における不条理を生き抜く根本的なよりどころは、「阿弥陀仏《あみだぶつ》の物語」（『無量寿経《むりょうじゅきょう》』）という「大きな物語」です。まず、これが非常に大事な点です。

私たちの世俗の暮らしの中には、さまざまな道理や考え方の筋道がありますが、そういう常識的なものには限界があります。たとえば、道徳の世界では「人間はそれぞれ尊い存在であり、人の命は皆、平等だ」と言いますが、現実はそうではありません。戦争になれば、敵の命と味方の命はまったく別に扱うでしょう。常識的な道理や筋道というものは、そういう限界を初めからもっているものなのです。

その点、『歎異抄』は「大きな物語」を貫く道理を根拠にしています。「大きな物語」がなぜ大事なのかと言うと、空間軸や時間軸がものすごく長大だからです。人間の本質を見定めるためには、千年や二千年では足りません。だから神話的な規模の時間と空間を使って、人間とは何かを問うている。そうすることで、人間の本質を見定めようとしているのが「阿弥陀仏の物語」なのです。人間の本質が浮き彫りにされると、それにふさわしい生き方が自然と模索されていきます。

注意すべきは、宗教書に説かれている信心《しんじん》や安心などが個人的な問題だと思わないことです。宗教的な信心は、自分の心の中だけに閉じ込められるものではありません。それらは、自分を超えて社会にまで広がる可能性をもっています。

そもそも、「自分一人が救われればいい」という考え方は、宗教的求道とはまったく相容《あいい》れないものです。たしかに、初めはおのれの苦しみをなんとかしたいという個人的要求から出発します。しかしそのうちに、おのれの苦しみは、おのれ一人の力では克服できないことに気づきます。私を私たらしめている諸々の関係の網に気づくのです。

そうなると、その関係全体が救われないことには、私の救いが成り立たないことがわかってくるのです。ここで、すべての人が救われることを願わなければ意味がないことに気づきます。「自分の中に信心をもっていればいい」というのは、宗教とは違う世界の話なのです。

『無量寿経』が伝える世界のありよう

ここで見ておきたい経典があります。それが『無量寿経』です。『無量寿経』によれば、阿弥陀仏の物語は、釈尊《しゃくそん》が説いたことになっています。その釈尊は、歴史上の人物であるゴータマ・ブッダではなく、「大きな物語」の登場人物のこと。

紀元前後に『無量寿経』の中で作り出された架空の人物です。

彼は「五濁悪世《ごじょくあくせ》」のまっただ中に生まれて、修行の末に仏となり、人々を救うために阿弥陀仏の物語を説き始めました。「五濁悪世」とは、五つの穢《けが》れに満ちたひどい世の中のことです。この「五濁」が、まさに世界の不条理そのものなのです。

一つ目は、戦争や飢饉《ききん》、疫病《えきびょう》といった時代のひどさです。現代世界を襲ったコロナウイルスによる災厄も、人類史の初めからつきまとっていた不条理の一つと言えます。

二つ目は、思想の貧弱化、思考力の劣化です。これは、今の政治を見ればわかります。

三つ目は、人間の考え方が自己中心に陥って智慧《ちえ》が欠けていること。自己の価値観にこだわり、自己中心的に世界と人間を洞察しているありようのことです。

四つ目は、身体と精神の病《やまい》が深くなっていること。

五つ目は、人間の寿命が短くなっていることです。人間の寿命は古代より長くなったと思われるでしょうが、「大きな物語」の中では、人間は二万年も生きています。現実は、今でもせいぜい百年間ですから、短くなっていると考えます。

この「五濁悪世」は、紀元前後のインドの人たちが実際に見ていた世界のありようなのでしょう。そういう不条理な世界のまっただ中で、『無量寿経』は生まれました。

大乗経典というものは、人間の不条理を見定めたうえで、その不条理を超える道を提示しようという努力のもとに成立しました。『無量寿経』は、その一つです。『無量寿経』の物語を根拠にした法然の「本願念仏《ほんがんねんぶつ》」を受け継ぐ『歎異抄』の中にも、当然そういう精神が流れています。

どのように不条理を超えていくか。それが『歎異抄』に流れる、人間にとって最も根本的な問題です。

人生の一切は「そらごと、たわごと」

『歎異抄』は、不条理というものを非常に端的な言葉で表現しています。

全十八条のあとに付けられた「結文」の一節を読んでみましょう。

聖人《しょうにん》のおほせには、善悪のふたつ、総じてもて存知《ぞんち》せざるなり。そのゆへは、如来《にょらい》の御こころによしとおぼしめすほどに、しりとをしたらばこそ、よきをしりたるにてもあらめ、如来のあしとおぼしめすほどに、しりとをしたらばこそ、あしさをしりたるにてもあらめど、煩悩具足《ぼんのうぐそく》の凡夫《ぼんぶ》、火宅無常《かたくむじょう》の世界は、よろづのこと、みなもてそらごと、たわごと、まことあることなきに、ただ念仏のみぞまことにておはしますとこそ、おほせはさふらひしか。

（現代語訳）

親鸞聖人は、「善悪の二つについては、私はまったくわきまえるところがありません。なぜならば、阿弥陀仏がよいと思われるほどに、よいことを徹底的に知っているのであればこそ、善を知ったということになるでしょう。また、阿弥陀仏が悪いとお知りになるほどに、悪を知り尽くしているのであればこそ、悪を知ったということになるでありましょうが、煩悩具足の凡夫と火宅無常の世界においては、（善悪の二つを含めて）一切が、空言《そらごと》であり、戯言《たわごと》で、真実がないにつけても、ただ念仏だけが真実なのです」と仰せになったのです。

阿弥陀仏は完全な智慧の持ち主であり、その智慧によって善悪を区別できるけれども、煩悩具足の私たちにとって世界のあり方、また人生のあり方は、例外なく空言、戯言であり、真実がないのだと言っています。そのうえで、念仏だけが真実であると言うのです。真実のない不条理な世界を生き抜くためには、真実なる念仏を身につける以外にはない、と断言しているわけです。

皆さんは、「人生の一切は空言で戯言だ」と言われると、反論したくなるかもしれません。周りを見ても、自分自身の暮らしの中でも、十分幸せなひとときがあるし、それが長く続くことだってあるではないか、と。

しかし、その幸せも、不条理な出来事によって必ず変化せざるを得ません。自分自身も、どんな生き方をしようとも、必ず死という不条理に至ります。私たちの人生のあり方を少し考えてみれば、「よろづのこと、そらごと、たわごと、まことあることなきに（一切が、空言であり、戯言で、真実がない）」という一文は、ある意味、当たり前のことだとわかるでしょう。この一文に、まず納得できなければ、次の「念仏のみぞまことにておはします（念仏だけが真実なのです）」は、さらに遠いものになってしまいます。

あるいは、「人生の一切は空言で戯言だ」と納得したものの、「その中でも、なんとかやり過ごして生きていければいい」と思う人もいるでしょう。しかし、その程度で終わってしまって、本当にいいのでしょうか。

自分の人生の一切が空言、戯言に終わるのではなく、「これぞ本当の人生だ」「本当の自分のあり方だ」と納得して死んでいきたい。そう思う人も、決して少なくないと私は思います。そういう人に対して、『歎異抄』は「念仏のみぞまことにておはします」と言っているのです。

なぜ念仏だけが真実なのか

「念仏のみぞまことにておはします」と言えるのは、なぜなのでしょうか。『歎異抄』第十一条には、念仏について、「誓願《せいがん》の不思議によりて、やすくたもち、となへやすき名号《みょうごう》を案じ」（人間が思い図ることができない誓願によって、凡夫が容易に保ち、称《とな》えやすい名号を工夫して）とあります。私たちが称えやすく続けやすいように、阿弥陀仏が念仏を工夫してくださったと説明されているのです。これは、「阿弥陀仏が工夫したものだから、真実でないわけがない」と考える根拠となります。

とはいえ、『歎異抄』全体の中で、「なぜ念仏が真実そのものなのか」ということについて、端的に説明している箇所はありません。法然から親鸞、唯円まで教えが受け継がれた約百年間は、法然によって説かれた本願念仏が真実の教えだということを、すでに皆が了解していて、言うまでもなかったのでしょう。

しかし、現代の私たちには説明が必要です。「よろづのこと、そらごと、たわごと、まことあること」がないのは人生経験でわかりますが、「念仏のみぞまことにておはします」は、常識の世界ではなかなか理解できません。どうしても、教えを聞くことが必要になります。

その説明として、私は親鸞の主著である『教行信証《きょうぎょうしんしょう》』に引用されている中国宋代の元照《がんじょう》という僧の言葉に注目したいと思います。第2章でも引用した文章です。

いはんやわが弥陀《みだ》は名《な》を以《もっ》て物《もの》を接《しょう》したまふ。ここを以て、耳に聞き口に誦《じゅ》するに、無辺《むへん》の聖徳《しょうとく》、識心《しきしん》に攬入《らんにゅう》す。永《なが》く仏種《ぶっしゅ》となりて頓《とん》に億劫《おくこう》の重罪を除き、無《む》上菩提《じょうぼだい》を獲証《ぎゃくしょう》す。

（前出『日本思想大系11　親鸞』）

我が阿弥陀仏は自分の名前をもって人と触れる。阿弥陀仏の名を耳に聞いたり口に称えたりすると、阿弥陀仏がもっている数限りない徳が私たちの心に入ってくる。それが私たちが仏になる種《たね》となるのであり、私たちの身に染み着いた数々の罪を除き、最終的に私たちをして悟りに至らしめてくれるのだ、と元照は言っています。

「識心」は私たちの無意識のはるか底にある心。「攬入」は「一挙になだれ込む」という意味です。さらに言えば、その攬入の仕方は、人それぞれに最も適した筋道をたどり、少しも残すことなくなだれ込むと解釈できます。

私たちが阿弥陀仏の名を称えると、その力が残すことなく心の底に、その人に最も適した筋道を通って入ってくるというのです。そして、私の心の中に入ってきた阿弥陀仏の心は、意識せずとも、永遠に仏になる種となるのです。私は、これが「念仏が真実である」根拠を示す文だと考えています。

念仏から得られる「心のゆとり」

皆さんは、阿弥陀仏はどこにいると思われるでしょうか。

経典には「西方極楽浄土《さいほうごくらくじょうど》」と書いてありますが、元照によれば、阿弥陀仏は「南無阿弥陀仏《なむあみだぶつ》」という名前そのものになっているのであり、その名前を称えたときにだけ、本人にとって存在するというのです。称名《しょうみょう》しなければ、阿弥陀仏はどこにも存在しません。称名によって阿弥陀仏が私の心に届くという元照の説明によって、称名念仏は真実だと、親鸞は示しています。

「南無阿弥陀仏」という名号を私たちが称えることで阿弥陀仏が現れる。それは、称名自体が真実の道であることを意味します。つまり、称名念仏は何かの手段ではなく、「仏道そのもの」なのだということです。そう考えると、「念仏のみぞまことにておはします」という言葉に納得できるのではないでしょうか。

では、真実なる念仏とともに生きることで、私たちには何がもたらされるのか。

つまり、私の心の中にどういう変化が生じるのか。

それを示すのが、『歎異抄』第七条です。

念仏者は無礙《むげ》の一道《いちどう》なり。そのいはれいかんとならば、信心《しんじん》の行者には天神《てんじん》・地祇《ぢぎ》も敬伏《きょうぶく》し、魔界《まかい》・外道《げどう》も障礙《しょうげ》することなし。罪悪《ざいあく》も業報《ごうほう》を感ずることあたはず、諸善《しょぜん》もをよぶことなきゆへに無礙の一道なりと、云々。

（現代語訳）

阿弥陀仏の名を称する行為（念仏）は、何事にも礙《さまた》げられない唯一絶対の道（「無礙の一道」）を歩む証《あかし》です。そのわけはどういうことかと申せば、信心の行者に対しては、天の神・地の神も敬《うやま》ってひれ伏し、魔の世界にあるものも、仏教を否定する異教徒の人々も、妨げをなすことができないからなのです。罪悪も、その報《むく》いを行者の上に表しても行者の心を揺り動かすことはできませんし、いかなる善も念仏に及ぶことがないので、（念仏を）「無礙の一道」と言うのです。

念仏は「無礙の一道」、つまり何事にも礙げられない唯一絶対の道である。その理由を、「天神・地祇も敬伏し、魔界・外道も障礙することなし」という、中世の言葉で説明しています。

「天神・地祇」「魔界・外道」という言葉は、現代の私たちにはなじみがありません。しかし、たとえば神社で交通安全を祈願したり、魔よけのお札を買ったりすることはよくあるでしょう。私たちは暮らしの中で、「天神・地祇」（神々）や「魔界・外道」（悪魔や仏教徒ではない人々）を信じるような振る舞いをしているのです。世間では、このような禳災招福《じょうさいしょうふく》（災いを避けて福を招く）を宗教だと思いがちですが、近代宗教学の言葉で言えば、「呪術《じゅじゅつ》」と呼んだほうが適切です。

第七条は、そのような禳災招福の行為と念仏は違うのだ、と言っています。念仏者が「天神・地祇」に敬服するのではなく、逆に「天神・地祇」が念仏者を拝むのだ、「魔界・外道」が念仏者の邪魔をしようとしても、効果がないのだ、と。

だから『歎異抄』には、「罪悪も業報を感ずることあたはず」と書かれているのです。ここでは「感ずる」という言葉が大事です。「感ずる」とは、「心を動かされる」という意味です。

「業報」（行為の結果）というものは、避けるわけにはいかない厳然たる因果の事実です。私たちは罪悪から逃れられず、その罪悪がもたらす「業報」からも逃れられません。一度犯した罪は、なんらかの悪い結果を必ずもたらします。しかし、その結果に激しく揺さぶられることがなくなると言うのです。念仏によって「精神の自由」が生まれると言ってもよいでしょう。

私たちの罪悪は消滅しませんが、罪悪に縛られないで済むのは、とても大事なことです。そのようなことが可能となるのは、念仏という、揺るぎのないよりどころがあるからです。そこに「精神の自由」が生まれるのです。

もし激しく動揺すると、その動揺の原因を自問することになるでしょう。しかし、悲しいことに私たちは、因果を完全に知る智慧がありません。そこでいろいろと推測して新たな動機が生まれます。

たとえばこんな話があります。ある人が大切な子どもを立て続けに二人も亡くしました。そのとき、庭に枇杷《びわ》を植えている家には不幸が続く、という話を耳にしました。そこで、その人は庭の枇杷の樹を切ってしまったのです。

その人が、心の落ち着きを得られたのかどうか。枇杷の樹があることと不幸とはなんの関係もないのでしょう。しかし、不安の最中にあると、このような誤った因果関係を受け入れてしまうのです。つまり、呪術的思考に陥ってしまうのです。

合理的で、実験によって証明できる因果関係に立脚しているのが「科学」だとすると、誤った因果関係に縛られているのが呪術です。ついでに言えば、宗教の主張する因果関係も実験によって証明できないという点では呪術と同じです。しかし、宗教と呪術の違いは、自己を内省するかどうかにあります。

呪術は自己のあり方を棚上げにして、自己の願望を神仏に祈願して実現しようとする。宗教は自己の有限性を自覚して我が存在を神仏に委ねる。呪術はどこまでも自己肯定、自己主張にとどまりますが、宗教は自己否定を経て新たな自己の発見に向かいます。同じ念仏でも、自己の願望を実現する手段となるならば、呪術的念仏ということになります。

第七条の冒頭にある「念仏者は無碍の一道なり」という一文は、呪術的な精神から解放された明るさを表現しているように思えます。私たちが意識せずとも、「無碍の一道」である念仏によって、念仏者の中に「心のゆとり」が生まれてくるのです。これが、真実なる念仏とともに生きることで、私たちにもたらされる心の中の変化です。

中世社会では、呪術的な世界から脱して、宗教的な精神の自由の世界へ歩み出す念仏者が多く輩出されました。法然や親鸞はその代表です。

二河白道のたとえ

いま触れた第七条の「罪悪も業報を感ずることあたはず」という文章を読むと、私はいつもある話を思い起こします。それは、唐代の善導《ぜんどう》が『観経疏《かんぎょうしょ》』に記した「二河白道《にがびゃくどう》のたとえ」と呼ばれる物語です。

旅人が広い荒野を歩いていたら、盗賊と猛獣が襲ってきました。旅人が西に向かって懸命に逃げていると、目の前に大きな河が現れました。

河幅は百歩ほどで、中間に、幅十五センチくらいの白い道が通っています。北側からは水が、南側からは火が押し寄せていて、渡るのは非常に危険です。しかし、後ろから盗賊と猛獣が迫ってくるので、ついに旅人は白道を渡る決心をしました。

すると、背後（東側）から声が聞こえてきました。

「この白い道を行きなさい。とどまれば死ぬだけだ」

向こう岸（西側）からも、声が聞こえます。

「水の河か火の河に落ちることを恐れる必要はない。私が守ってあげるから、早く渡ってきなさい」

前方と後方の声に励まされて、旅人は渡り始めます。すると、今度は追いかけてきた盗賊たちが言います。

「危険なところを歩かず、すぐに戻ってこい。俺たちはお前に危害を加えるつもりはない」

しかし旅人は、盗賊たちの声には耳を傾けず、不思議な声を信じて白道を渡り切りました。これが「二河白道のたとえ」の物語です。

白道は、浄土《じょうど》に生まれたいという人間の願いのたとえだと言われています。河を渡るのは、此岸《しがん》（この世）から彼岸《ひがん》（あの世）へ行くこと。水は貪《むさぼ》り、火は怒り、盗賊は人間の身体を作っている要素を表しています。

興味深いのは、彼岸からの声が、「水火《すいか》の難《なん》に堕《だ》することを恐れるな」と旅人を励ましていることです。ここには、善導が伝え、法然が受け継いだ浄土信仰の特徴が表れています。

多くの宗教は、信じる者は河に「落ちることはない」と教えます。一方、阿弥陀仏の本願念仏の教えでは、「何度落ちても、阿弥陀仏が救いあげてくださる」と言います。罪悪の報いを恐れる人間にとって、とても心強い教えです。

念仏をしていれば、何度河に落ちても、阿弥陀仏が救ってくださる。どれほど罪悪の深い私であっても、落ちることを心配しなくていい。まさに「罪悪も業報を感ずることあたはず」、「業報」にたじろぐ必要はないのです。「業報」に縛られた我が身のままで、納得して人生を終える道が、ここに示されています。

「この世のならひ」

「業報に縛られた我が身のまま」ということは、法然の語録『一百四十五箇条《いっぴゃくしじゅうごかじょう》問答《もんどう》』にも見て取れます。これは、信者や弟子から寄せられた百四十五の質問に、法然が一言ずつ答えたものです。

一、さけのむは、つみにて候《そうろう》か。
答、ま事《こと》にはのむべくもなけれども、この世のならひ。
（大橋俊雄訳『法然全集』第三巻、春秋社）

よほど酒好きの人が質問したのでしょうか。「酒を飲むのは罪になりますか？」という質問に、法然は、「本当は飲まないに越したことはないけれども、それもまた世の習い、仕方がない」と答えます。

質問した人は、さぞホッとしたことでしょう。飲酒は罪だろうかと後ろめたい思いがあったけれども、法然に「そのままでいい」と言ってもらえた。念仏さえしていれば、「そのままのあなたでいいのだ」と認めてもらえて、罪の意識から解放されたのです。

前章では、熊谷次郎直実《くまがいじろうなおざね》と法然の会話を紹介しました。武士として人を殺《あや》めてきた直実も、法然に「念仏だけをすればいい」と言われて、泣いていました。

これらは、念仏によって人の心が少し変わった例です。実際に念仏をすれば、さらに心のゆとりが生まれるでしょう。もちろん、念仏をするだけで、私たちの心がすべて変わるわけではありません。しかし、「念仏以外は、そのままでいい」と言われれば、ある種の強迫観念からは解放されます。

法然が「そのままでいい」と言ったのは、私たちが自分の生き方を簡単に変えることができないからです。今の自分は宿業《しゅくごう》のしからしむるところであり、自分の意思どおりに生き方を変えられるものではありません。そんな人間のために、阿弥陀仏の本願があるのです。

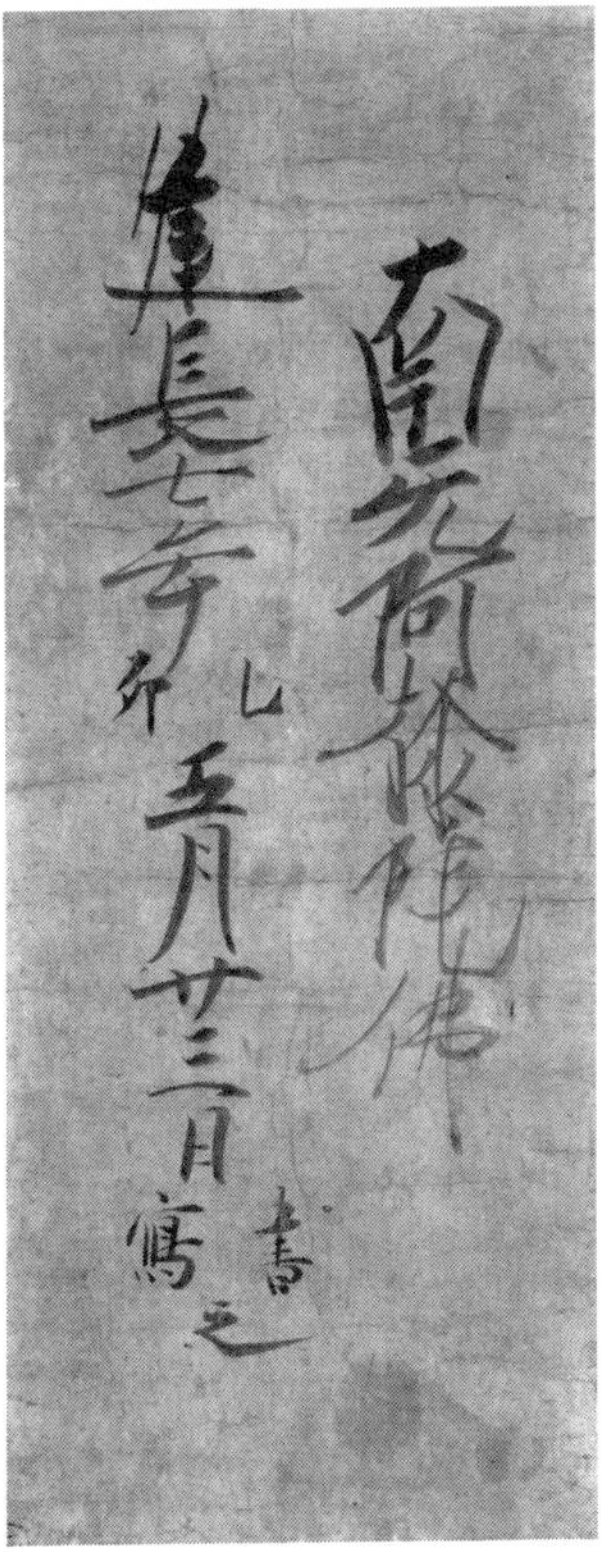

親鸞聖人自筆　六字名号
1255年、親鸞82歳の筆と言われる。新潟県文化財
浄興寺（新潟県上越市）蔵

「持ち前どおり、死んでいけ」

人間にとって不条理の最たるものは、死ぬことです。なぜ自分は死ななければならないのか。これは非常に納得し難い問題です。

私の親友は、八十歳近くまで「死ぬ」というのは他人のことだと思っていたそうです。自分が死ぬなんて思ったこともなかったのだとか。笑い話のようですが、人間というものは、それほど自分の死を考えられないということでしょう。

死という最大の不条理を、いかに納得してやり過ごしていくか。その不条理をどう生き抜いていくか。この難問の手がかりとして、「因幡《いなば》の源左《げんざ》」と呼ばれた人物を紹介しましょう。一九三〇年に九十歳で亡くなった鳥取県のお百姓さんです。

父親を早くに亡くした源左は、長年にわたり近所のお寺に通い、「本願念仏」に親しんでいました。その源左が最期を迎えた頃、同じように死の床に就いていた友人から伝言を受け取りました。

「信心が篤《あつ》い源左のことだから、死の苦しみや恐怖を超える立派な言葉を知っているだろう。どうすれば安心して死んでいけるか、教えてくれないか」

源左は答えました。

「阿弥陀仏はお前を助けにかかっておられる。このまま死ねば、阿弥陀仏のところだ。こっちは持ち前どおり、死んでいきさえすればいいんだ」

持ち前どおり、死んでいきさえすればいい。なんと自信に満ちた、爽快な言葉でしょう。その自信は、信心が生み出したものです。死ぬことに対して、何も特別なことをする必要はない。阿弥陀仏が助けてくれるのだから、自分は自分のまま、ありのままに死んでいけばいいのだ、と言うのです。

死の間際に、人はどうするものでしょうか。念仏を称えながら死んでいく人もいる一方で、立派な念仏者と言われる人が、まったく念仏を称えず取り乱してしまうこともあります。人の悪口ばかり言う人もいれば、妄想や妄念がわきあがって苦しむ人もいます。

そんな中、源左が言うのは、「持ち前どおり、死んでいけ」です。それは、「業報」のままに、「業報」にさしまかせて死ねばいいということです。

人間というのは、「業報」にさしまかせて生きるしかなく、死ぬしかない存在です。「本願念仏」は、その「死という不条理」を超えるための一つの方法です。

不条理を超えていく、あるいは不条理の中で生き抜いていくために大切なことがあります。それは、不条理を見定めることです。死という不条理も、経済的・社会的な不条理も、不条理であるということを見定めることが大切なのです。

念仏というのは、そのような不条理をただちに変えられるものではありません。しかし、不条理を見定め、不条理を不条理として認めることができれば、それは「心のゆとり」を生みます。それが不条理を生き抜くための智慧を生むことにつながっていくのです。

念仏は阿弥陀仏が私の中ではたらくすがたです。阿弥陀仏がはたらく以上、私は仏になる道を歩んでいるのです。仏になる道を歩む中では、不条理はもはや力を失います。それが、念仏の力というものではないでしょうか。

第6章

慈悲の実践

慈悲に自力・他力の「かはりめ」あり

この章では、『歎異抄』における慈悲《じひ》の実践について、お話しします。

前章で、念仏というものは、「不条理をただちに変えるものではない」とお話ししました。ただ、「本願念仏《ほんがんねんぶつ》」を実践するようになると、不条理を不条理として認めることができる心のゆとりが生まれ、それが新しい智慧《ちえ》を生むことになります。

そして、そのような智慧によって、「慈悲」を実践する可能性が生まれてきます。そもそも仏教の目的は、「慈悲の実践」にあります。「浄土宗」も仏教ですから、それなりの慈悲の実践があるのです。

慈悲の実践について、『歎異抄』第四条は次のように述べています。

全文を読んでみましょう。

慈悲に聖道《しょうどう》・浄土《じょうど》のかはりめあり。聖道の慈悲といふは、ものをあはれみ、かなしみ、はぐくむなり。しかれども、おもふがごとくたすけとぐること、きはめてありがたし。また浄土の慈悲といふは、念仏して、いそぎ仏になりて、大慈大悲《だいじだいひ》心《しん》をもて、おもふがごとく衆生《しゅじょう》を利益《りやく》するをいふべきなり。今生《こんじょう》に、いかにいとをし、不便《ふびん》とおもふとも、存知《ぞんち》のごとくたすけがたければ、この慈悲始終《しじゅう》なし。しかれば、念仏まうすのみぞ、すえとをりたる大慈悲心にてさふらふべきと、云々。

（現代語訳）

慈悲に関して言うならば、従来の仏教（聖道門）の教えから浄土門の教えに移らざるを得ない節目《ふしめ》の自覚というものがあります。従来の仏教が教える慈悲（「聖道の慈悲」）とは、人に同情し、人をいとおしみ、人を慈《いつく》しむことであります。しかし、思いどおりに人を助け遂げることは、きわめて困難なことです。それに比べると、浄土門の言う慈悲（「浄土の慈悲」）とは、念仏して速《すみ》やかに仏になり、仏の慈悲心をもって思いどおりに人々を助けることを言うのです。この世で、どんなに、いとおしい、かわいそうだと思っても、思いどおりに助け通すことが難しいので、そうした（聖道の）慈悲は一貫しないのです。そういう思いに至ると、念仏することだけが、一貫した慈悲心だと了解されます。

「聖道・浄土」という言葉は、法然が『選択本願念仏集《せんちゃくほんがんねんぶつしゅう》』の中で、中国唐代の道綽《どうしゃく》の『安楽集《あんらくしゅう》』から引用した術語です。法然は、道綽の説を受け継いで、既存の仏教すべてを「聖道門」と断定し、自らの説く本願念仏の仏教を「浄土門」と呼びました。

「聖道門」は、自分が修行して煩悩《ぼんのう》を抑え込み、智慧を開発して、仏になる一歩手前までいく仏教のこと。それに対して「浄土門」は、阿弥陀仏《あみだぶつ》の本願を信じて称名《しょうみょう》をする仏教です。「聖道」は自力《じりき》の仏教で、「浄土」は他力《たりき》の仏教であるとも説明されます。「慈悲に聖道・浄土のかはりめあり」は、「慈悲に自力・他力のかはりめあり」と言い換えてもよいでしょう。

さて、この第四条を読んでいくうえで、まず注意をしなければならないことがあります。それは、この一節が仏道修行の経験を前提にしているということです。

法然の「浄土宗」が生まれるまでは、仏教は「聖道門」だけでした。仏教の修行を志す人々にとっては、仏教はどこまでも仏教であって、「聖道門」という意識はまったくありませんでした。そこに法然が現れて、既存の仏教はすべて「聖道門」だと断じられたのです。しかも、「聖道門」では、目指す「悟《さと》り」は得られないと言うのです。人々が「悟り」を目指すとしたら、それは「浄土宗」によるしかない、と主張したのです。

この主張は、それまでの仏教の修行に専念していた人々にとってはショックでした。ショックのあまり、法然の「浄土宗」は仏教ではない、という批判も生まれました。

しかし、法然の主張に賛同する修行者たちも少なくありませんでした。つまり、仏教の修行に励む中で、修行の効果に疑問をもつ人々もいたのです。法然自身がそのような修行者の一人でした。また、親鸞も従来の仏教の修行の中で、修行のあり方に疑問をもったことがきっかけで法然のもとに通うようになったのです。

第四条は、まず何よりも従来の仏教の修行を実践していた出家者たちを念頭に置いた言葉です。彼らにとって仏道修行は「悟り」を手にして、さらに「慈悲」を実践することが目的でした。だからこそ、「聖道・浄土」の「かはりめ」が実感できたのです。

仏教の修行はもとより、仏教そのものに関心のない「無宗教」の人にとっては、まずもって「聖道・浄土」の区別がわからないでしょう。しかし、仏教の教える「慈悲」には関心があるのではないでしょうか。なぜなら、仏教に関心がなくても「無慈悲」な現実にはうんざりしているからです。どうすれば、人間が人間らしく生きていけるのか、そのために、どのような方策が必要なのか。もし、仏教の慈悲がそのために力を発揮できるなら、無関心ではいられないのではないでしょうか。

これから紹介する「浄土の慈悲」は、称名念仏によって私たちに伝わる阿弥陀仏の心が、さまざまな縁の中で現れてくるものです。それは、しばしば判然としない、いわば恰好《かっこう》の悪い形を取りますが、ヒューマニズムとは一味違ったはたらきを示します。では読み進めましょう。

慈悲と「思いやり」の決定的な違い

「慈悲」とはどういうものか、いま読んだ第四条にはきちんとした説明はありません。一般的には、「慈」がすべての人をいとおしむ心、「悲」が苦しみをともにする憐みの心と説明されます。すべての人に同情をもち、その苦しみをともにして、苦しみから彼らを解放しようとするはたらきが、いわゆる慈悲ということになろうかと思います。こう言えば、「思いやり」という言葉が思い浮かびます。

しかし、「思いやり」と仏教の慈悲は違うものです。思いやりというのは、自分の立場から「この人の苦しみはこうだろう」と推し量り、救うための策を考えることです。あくまでも自分の考えが基準なので、どうしても相手と齟齬《そご》が生じます。もっと乱暴なことを言えば、自分は常に安全地帯にいながら、他者を見ているだけということになりがちなのです。

一方、仏教の慈悲は、「抜苦与楽《ばっくよらく》」と言われるように、人々の苦しみをその源から抜いて、代わりに安楽を与えるものだと説明されます。口で言うのは簡単ですが、実際に目の前で苦しんでいる人の苦しみを解決するのは難しいことです。なぜかと言うと、私たちには苦しみをもたらしている原因がなんなのかを正確に理解する智慧がないからです。

仏教が「智慧の宗教」と言われるのは、この点にあります。物事の動きを作っている因果関係について、その全体を知るという透徹した智慧をもつ。これが「悟る」ということだと言われています。

慈悲は、智慧があって初めて実践することが可能なのです。この点が仏教の言う慈悲と、私たちの言う「思いやり」との決定的な違いです。慈悲は智慧の裏づけがなければ実践できないということを、まずはよく知る必要があります。

また、「思いやり」は、いわゆる「人情」に属する営みですが、「人情」は絶えず動揺します。このような「人情」のもつ矛盾、不条理の克服を課題とするのが仏教なのです。

親鸞の苦い体験

第四条の主眼は、「聖道・浄土」の区別があることではありません。人が慈悲を実践すると、「かはりめ」を経験するという指摘がポイントなのです。

最初は、いわゆる「思いやり」であっても構いません。仏教の話を聞いて、「そうか、人間はみんな兄弟姉妹なんだ」と目覚め、「思いやり」の実践に乗り出そうとする。しかし、実践を積み重ねる中で、相手から喜ばれなかったり、反発されたりと、思いどおりにことが進まない。

そういう経験の中で、初めて「浄土の慈悲」という教えがあることに気づきます。「浄土の慈悲」とは何かという問いが生まれて、それまでの実践のあり方に反省が生まれてくるのです。それが「かはりめ」です。

その「かはりめ」が強調されているのは、おそらく親鸞自身の苦い体験があったからでしょう。一二〇七年、親鸞は法然に連座して流罪に処され、越後へ流されました。「承元《じょうげん》の法難《ほうなん》」と呼ばれる事件です。『歎異抄』の最後には、そのときの記録、通称「流罪の記録」が付いています。

ここで言う親鸞の苦い体験とは、流罪が解かれて越後から関東に移った頃の話です。親鸞は、利根川《とねがわ》の上流の佐貫《さぬき》（現在の群馬県邑楽郡《おうらぐん》）で『浄土三部経《じょうどさんぶきょう》』を千回読もうと発心《ほっしん》します。理由は、水害や飢饉《ききん》に苦しむ人々を見たからではないかと推測されています。しかし、四、五日ほどたつと、親鸞はハッと思いました。いったい自分は、法然上人《しょうにん》から何を聞いてきたのか。念仏のみが大事だと聞いてきたではないか。確かに自分は「衆生利益《しゅじょうりやく》」のために経典を読んでいるけれども、はたして阿弥陀仏という名号《みょうごう》の他に何が不足して経典を読もうとしたのか。そのような疑問が次々とわき起こり、彼は経典を読むのをやめました。

この話は、十七年たってから、親鸞が妻に初めて明かしたものです。風邪《かぜ》で高熱を出した親鸞は、夢の中で当時のように経典を読み続けていました。一文字一文字がはっきり見えるくらい鮮明な夢だったそうです。

そして、当時と同じように、夢の中でふと気がつきます。「念仏だけで十分なのに、なぜこんなに経典を読むのだろう?」。うなされている親鸞に、妻が声をかけると、目を覚まして十七年前の出来事を語ったと言います。

親鸞の「聖道の慈悲」に対する関心が、どれほど深く心を支配していたのかがわかる逸話です。親鸞ほどの人物でさえ、完全に「念仏だけで十分だ」と思い切ることは難しかったのです。

「流罪の記録」は何を伝えるのか

ところで、『歎異抄』の付録である「流罪の記録」は、慈悲の実践と深い関係にあります。

第1章では、「流罪の記録」は後世に付け加えられたという説があることを紹介しました。実際、『歎異抄』のテキストには「流罪の記録」を付けていないものもあり、「そのほうが原典に近い」という意見もあります。

しかし私は、『歎異抄』という書物に「流罪の記録」が付けられたことには、大きな意味があると考えます。「承元の法難」の顚末《てんまつ》を記した「流罪の記録」の冒頭を見てみましょう。

後鳥羽院《ごとばいん》御宇《ぎょう》法然聖人他力本願念仏宗を興行《こうぎょう》す　于時《ときに》興福寺《こうぶくじ》僧侶《そうりょ》敵奏《てきそう》之上《のうえ》御弟子《おんでし》中《ちゅう》狼藉《ろうぜき》子細《しさい》あるよし　無実風聞《むじつのふうぶん》によりて罪科《ざいか》に処せらるる人数事《にんじゅのこと》

〈現代語訳〉

後鳥羽院（天皇在位は一一八三〜九八、院政は一一九八〜一二二一）の時代、法然上人の本願念仏宗が盛んであったが（法然の『選択本願念仏集』は一一九八年の成立）、ときに（一二〇五年）、興福寺の僧侶が本願念仏宗を仏教の敵として朝廷に訴え出た。加えて、弟子の中に狼藉に及んだ者がいるという風評が立ち、事実無根の風評だけで罪科に処せられた人々がいた。

「浄土宗」、あるいは「専修念仏《せんじゅねんぶつ》」「本願念仏」と呼ばれる法然門下が弾圧されたのは、十三世紀前半の四十年間ぐらいです。この間に『選択本願念仏集』の写本は焼却され、京都と鎌倉の本願念仏者は激減しました。法然の死後は墓所も破却されました。「流罪の記録」では、「浄土宗」の弾圧の原因は、興福寺からの「浄土宗は仏教の敵だ」という訴えと、法然の弟子たちの狼藉ということになっています。しかし、最近の歴史研究では異なる見解が出てきています。

ときの権力者であった後鳥羽上皇が熊野詣《くまのもうで》に行っている間に、上皇に仕える女《にょ》官《かん》たちが、「浄土宗」の僧を招いて怪しい関係をもったそうです。後宮《こうきゅう》内部の乱れた風紀を隠蔽《いんぺい》するために、苦肉の策として、後鳥羽上皇は彼らの処罰を強行したのです。同時に、興福寺や比叡山延暦寺《ひえいざんえんりゃくじ》などの聖道門の勢力が訴えていた「浄土宗」への不満の声に応える目的も果たせました。

それまでの約三百五十年間、日本には死刑がありませんでした。にもかかわらず、承元の法難では、法然の弟子四名が死刑に処されました。中世の国家といえども、司法手続きはそれなりに必要だったはずですが、一切無視して四名を死罪にしている。しかも僧侶を。そのことだけでも、この事件の異常性がわかると研究者たちは言います。

つまり、後宮の風紀の乱れを隠蔽することに加えて、旧来の仏教勢力を満足させるための「でっちあげ」の事件だったと今では言われているのです。

この「流罪の記録」には、流罪とされた八人と、死罪とされた四人の名前も並べられています。しかし、私の見るところ、法然の本当の高弟たちは流罪になっていません。この記録を後世に残そうとした唯円は、特に「念仏至上主義」者たちが見せしめとして流罪に処せられたということを強調したかったのかもしれません。いずれにしても、この「流罪の記録」があるということが、『歎異抄』にある種の重みをもたせていると思います。

「流罪の記録」の説明が長くなりましたが、私が申しあげたいことは、慈悲の実践の一つの帰結として、ときに権力から弾圧をこうむることもある、という教訓が秘められているということです。つまり、本願念仏に生きる者は、ときに権力から不当な扱いを受けるけれども、そのことに驚くなということです。

実際、本願念仏を実践していくと、平等という価値が重みをもってきて、権力的な生き方と摩擦を引き起こしてしまうことが多いのです。本願念仏に生きるうえではそうしたことが生じることもある、と承知させるために、この「流罪の記録」が付けられたのだと私は思います。

「聖道の慈悲」から「浄土の慈悲」へ

「聖道の慈悲」と「浄土の慈悲」に話を戻しましょう。私たちが「ものをあはれみ、かなしみ、はぐくし」（人に同情し、人をいとおしみ、人を慈し）もうと、さまざまな努力をしても、だいたい思いどおりにならず挫折《ざせつ》するか、燃え尽きてしまいます。親鸞も、経典を何回読んでも物事が解決しないという苦い挫折を経験しました。

しかし、私たちは挫折で終わってしまったとしても、苦しんでいる人々への関心がまったくなくなることはありません。忘却の底には「抜苦与楽」の願いが生き続けているのです。そうした願いを自覚したとき、「浄土の慈悲」への関心が生じてくるのではないでしょうか。

では、挫折を乗り越え、「浄土の慈悲」に進むためには、どうすればいいのでしょうか。

もう一度、第四条の最後を読んでみましょう。

今生《こんじょう》に、いかにいとをし、不便《ふびん》とおもふとも、存知《ぞんち》のごとくたすけがたければ、この慈悲始終《しじゅう》なし。しかれば、念仏まうすのみぞ、すえとをりたる大慈悲心《だいじひしん》にてさふらふべきと、云々。

（現代語訳）

この世で、どんなに、いとおしい、かわいそうだと思っても、思いどおりに助け通すことが難しいので、そうした（聖道の）慈悲は一貫しないのです。そういう思いに至ると、念仏することだけが、一貫した慈悲心となるのです。

念仏することだけが、一貫した慈悲心となる。この念仏とは、もちろん阿弥陀仏が工夫した行《ぎょう》であり、人間が工夫した行ではありません。阿弥陀仏のはたらきであるがゆえに、一貫した慈悲なのです。

多くの場合、人間の寿命を基準に物事を計れば、目の前の人々を救うことができないことに苛立《いらだ》ち、挫折してしまうでしょう。しかし、阿弥陀仏という「大きな物語」の長い時間軸で見てみると、念仏こそが一貫した慈悲の実践につながることがわかります。

念仏がなんのためにあるのかと言うと、「いそぎ仏になりて、大慈大悲心をもて、おもふがごとく衆生を利益《りやく》する」（速やかに仏になり、仏の慈悲心をもって思いどおりに人々を助ける）ためです。「往生して仏になる」という本願念仏の教えは、ともすれば個人の安楽を目指しているかのようです。しかし、自分が速やかに浄土に生まれるのは、仏になって人々を救うためなのです。

「思いやり」やヒューマニズムが燃え尽きたままでは、私たちは生き切れません。そういう生き切れない気持ちに、「いそぎ仏になりて、大慈大悲心をもて、おもふがごとく衆生を利益する」という「浄土の慈悲」が、大きな励みを与えてくれます。念仏に支えられた暮らしがあるということに気づき、励まされるのです。その気づいた瞬間を、第四条では「かはりめ」と呼んでいるのだと思います。

「かはりめ」は、寒流から暖流へ、あるいは暖流から寒流へと変わる潮目に似ています。暖流でも寒流でも、海の流れであることに変わりがないように、「聖道」であろうと「浄土」であろうと、仏の慈悲には変わりがありません。「聖道の慈悲」に挫折しても、「浄土の慈悲」が励みになることを、「かはりめ」という言葉で教えているのだと思います。

念仏だけしていれば、それでいい？

『歎異抄』第四条にはもう一つ、私たちが慈悲の実践に向かうための大切な教えがあります。大事なところなので、再度、引用します。

浄土の慈悲といふは、念仏して、いそぎ仏になりて、大慈大悲心《だいじだいひしん》をもて、おもふがごとく衆生を利益するをいふべきなり。（中略）しかれば、念仏まうすのみぞ、すえとをりたる大慈悲心にてさふらふべきと、云々。

（現代語訳）

浄土門の言う慈悲（「浄土の慈悲」）とは、念仏して速やかに仏になり、仏の慈悲心をもって思いどおりに人々を助けることを言うのです。（中略）そういう思いに至ると、念仏することだけが、一貫した慈悲心だと了解されます。

「念仏することだけが、一貫した慈悲心だ」という一文は、ともすれば「念仏者は何もしなくていい、念仏だけしていればよいのだ」という意味に解釈されます。念仏者は念仏さえしていれば、この世では慈悲の実践をする必要がない。もっと言えば、「この世ではどんな不条理があっても何もしなくてよい。現状を受け入れていればよい」という無作為の詭弁《きべん》に使われるのです。私自身、そのように主張する人を何人も見てきました。

ベトナム戦争が激化した七〇年代、私は京都の大学に通っていました。京都でも、ベトナム戦争に反対する市民デモが行われており、浄土真宗のお坊さんたちも参加していました。そのことについて、有名な仏教学の先生は、私にこう言いました。

「デモに参加する暇があれば、お経の練習に励むべきだ。聖道の慈悲は貫徹できないということを知らないのか」

また、九〇年代から中国の砂漠地帯の緑化運動を行う日本の市民団体がありました。そのボランティア活動に参加していた浄土真宗のお坊さんに対して、「それは自力の行《ぎょう》ではないか」と批判する人たちもいました。

念仏者には、デモ行進もボランティア活動も必要ない。世間のことはどうでもいい。念仏さえしていれば十分だ。そのような見当はずれの言説の根拠が、今の一文にあります。しかし、先に引用した第四条の次の二つの文章に注目してください。一つは、「おもふがごとく衆生を利益するをいふ」。もう一つは、「念仏まうすのみぞ、すえとをりたる大慈悲心にてさふらふ」です。

市民活動をする念仏者を批判する人たちは、おそらくこの二つの文章の主語が誰かということを、誤解していたのだと思います。思いどおりに人々を助けることも、一貫した慈悲心も、私たち人間に可能なことではありません。「おもふがごとく衆生を利益」するのは、阿弥陀仏です。

また、「念仏する」のは私たちですが、その「念仏」は阿弥陀仏が工夫したものなので、そのはたらきが一貫した慈悲になるのも当然です。阿弥陀仏は念仏そのものであり、「南無阿弥陀仏《なむあみだぶつ》」という名号になっているのですから、念仏も、慈悲を実践するのも阿弥陀仏なのです。この点で、第四条は誤解されやすい文章なのかもしれません。

念仏は慈悲を持続させるはたらき

念仏をするのも、慈悲を実践するのも阿弥陀仏であるなら、私たちは何をすればいいのでしょうか。ここが面白いところなのですが、念仏を積み重ねていると、「念仏が私たちを慈悲の実践に向かわせる」のです。

私たちが煩悩具足《ぼんのうぐそく》の凡夫《ぼんぶ》そのものであっても、念仏自体は一貫した慈悲心なので、称《とな》えればなんらかの作用が生まれます。ときに相手に対する同情が生まれ、ときに相手の苦しみをやわらげようという気持ちになります。そして、それを持続させるはたらきが生まれます。

この持続の精神が生まれることが、称名念仏の実践における最大の功績ではないでしょうか。エゴの塊《かたまり》である私たちも、念仏することにより、阿弥陀仏の慈悲心に支えられて、いささか慈悲の実践ができるようになるのです。

だから、「念仏以外の行《おこな》いをしなくていい」「念仏以外は意味がない」と批判するのは、大変な間違いなのです。反戦運動も環境活動も、阿弥陀仏の慈悲心に支えられた現実世界の中での慈悲の実践です。念仏をしているからこそ、私たちはそのような活動に向かわされるのです。

人は、一人では生きられません。人とのつながりがいかに大切かということは、称名念仏を知らずとも、あるいは仏教を知らずとも、誰しも思うところです。一方で私たちは、人を大切にすることがなんと儚《はかな》いことか、人を大切にし続けることがいかに難しいか、挫折に直面することがしばしばです。

しかし、「阿弥陀仏の物語」を聞けば、阿弥陀仏の人間に対する慈悲を知ることができ、ときに挫折したとしても、人を大切にしようという思いが持続します。これは、念仏をしてみなければわからないはたらきです。

人を大切にしようという思いは、誰にでもあるでしょう。しかし、それを持続させるはたらきは、念仏をしてこそ生まれるのです。

「定聚のくらい」に落ち着く

繰り返しますが、私たちを慈悲の実践に向かわせるのは、念仏の力です。その念仏の力について、『歎異抄』第十四条では、次のように説明されています。第4章で紹介した部分、「十回念仏すれば十倍の罪が滅するという話を信じてはいけない」と諭したあとの文章です。

そのゆへは弥陀《みだ》の光明《こうみょう》にてらされまいらするゆへに、一念発起《いちねんほっき》するとき、金剛《こんごう》の信心《しんじん》をたまはりぬれば、すでに定聚《じょうじゅ》のくらいにおさめしめたまひて、命終《みょうじゅう》すればもろもろの煩悩悪障《ぼんのうあくしょう》を転じて、無生忍《むしょうにん》をさとらしめたまふなり。

（現代語訳）

なぜかと言えば、私たちは、阿弥陀仏の誓願《せいがん》の力によって、阿弥陀仏の名を称えようと思い立った、そのときに、あたかもダイヤモンドのような堅固な信心《まことのこころ》を得ることができるのであり、その信心を手にすると、（阿弥陀仏は）必ず悟りに至ることができるという位《くらい》に迎え取ってくださって、（私たちは）死ぬとただちに、諸々の煩悩や仏道の妨げになることが転じて、悟りの境涯に入ることができるからなのです。

「信心」に「金剛」（ダイヤモンド）という形容がついているのは、阿弥陀仏のはたらきだからです。念仏によって、阿弥陀仏のダイヤモンドのように堅固な信心《まことのこころ》を私が受け取ると、ただちに「定聚」という位におさまることになる、というのです。「定聚」というのは「正定聚《しょうじょうじゅ》」の略で、修行の過程において、次は必ず仏になることが決まっている位のことです。

親鸞がなぜ「聖道門」の用語である「定聚」を用いて称名念仏の功徳《くどく》を表明しようとしたのか。一つは、称名念仏によって私の中に確固としたよりどころが生まれることに注目しようとしたからでしょう。

二つ目は、「定聚のくらい」に落ち着くと、二つの智慧が生まれてくることを教えるためです。一つは、自他を平等に見る智慧。私たちは自分を中心に他者を見ているので、自他を平等に見られるだけでも素晴らしいことです。もう一つは、人と人との違いがはっきりわかる智慧です。私たちが他者を見るときは、自分を基準にして、自分の考えと合致した部分は評価するけれども、そうでない部分を切り捨てるのが普通です。しかし、「定聚のくらい」に落ち着くと、他者との違いが客観的に認識できるというのです。

大事なことは、このような智慧によって、初めて相手が正確に見え始めるということです。相手がどのような苦しみを抱えているかが正確に見えて、初めて慈悲が実践できます。法然は「念仏せよ」としか言いませんでしたが、その念仏によってどのような変化が生じてくるかを、親鸞は詳しく検討したのです。その詳細は主著『教行信証』に書かれています。

とはいえ、私は「慈悲の実践」を大げさに考える必要はないと思っています。私たちは、それぞれ制約のある中ではありますが、他者のことを思いやります。その他者に対する思いやりが、前よりも客観的に見られるようであれば、それはもう念仏の功徳と言ってよいと思います。

慈悲の実践はとても難しいものですが、私たち凡夫でも、その一歩を踏み出すことはできるのです。親鸞は、聖道門で言うところの「正定聚」までは誰でも至れると、はっきり言っています。人々に「次は仏になれるのだ」という揺るぎない安心感を与え、慈悲の実践に向かわせる励ましとして、あえて「定聚」という言葉を使ったのでしょう。

「摂取不捨の利益」に参加する

ここで、改めて『歎異抄』第一条の冒頭を読んでみましょう。これまでお話ししてきたことを総合して第一条を読めば、私たちのような凡夫にも慈悲の実践は可能であることがわかります。

弥陀の誓願不思議《せいがんふしぎ》にたすけられまいらせて、往生をばとぐるなりと信じて、念仏まうさんとおもひたつこころのをこるとき、すなはち摂取不捨《せっしゅふしゃ》の利益《りやく》にあづけしめたまふなり。

（現代語訳）

阿弥陀仏の誓いによって、浄土に生まれることができると信じて、阿弥陀仏の指示どおりにその名を称えようと思い立つ、その決断のとき、(阿弥陀仏はただちに感応してその人を)迎え取ってくださり、すべての人々を仏とするはたらきに参加させておいでなのです。

第2章では、「摂取不捨の利益にあづけしめたまふなり」は「阿弥陀仏の事業に参加する」ことだとお伝えしましたね。ポイントは、「あづく」(預く)という言葉です。普通は「こうむる」「受ける」という意味なので、「念仏をすると摂取不捨の利益をこうむる」と訳されます。しかし、私はこの「あづく」を「参加する」という意味に解釈し、「阿弥陀仏の摂取不捨の利益に参加せしめられる」と読むことが可能だと思っています。

「摂取不捨」は、すべての人を阿弥陀仏の光、つまり智慧の世界におさめ取って離さないということですが、それは必然的に「阿弥陀仏の事業」への参加をうながします。「阿弥陀仏の事業」とは慈悲の実践に他なりません。それゆえに、私たち凡夫でも慈悲の実践に携わることができるのです。

「阿弥陀仏の事業に参加する」とは、一つは念仏を広めることです。もう一つは、諸々の貧苦から人々を救い出すこと、「普済諸貧苦《ふさいしょびんぐ》」です。「普済諸貧苦」は『歎異抄』ではなく『無量寿経』に書かれた言葉です。

阿弥陀仏になる前の法蔵《ほうぞう》は、「諸々の貧苦から人々を救わないかぎり、仏にはならない」と誓いました。諸々の貧苦から人々を救うのは、仏教の大きな目的です。

仏教の目標は、「慈悲」の実践に尽きると言われます。法然の本願念仏という教えは、まぎれもなく仏教であり、慈悲の仏教そのものなのです。そもそも念仏そのものが阿弥陀仏の慈悲の産物なのです。

『歎異抄』のその後

最後に、その後の『歎異抄』について触れておきます。

『歎異抄』に流れる「悪人成仏《あくにんじょうぶつ》」の思想は、応仁の乱（一四六七〜七七）の頃までは世間に知られていたと研究者たちは言います。しかし、前にもお話ししたとおり、以後は長い間、世間から忘れられていました。『歎異抄』を世間の目から隠したのは、親鸞の八代あとの子孫・蓮如《れんにょ》です。蓮如は、この書物はとても大切だけれども、教えを聞く条件が整っていない者が読むと誤解をするから、と公開を禁止しました。その結果、忘れられることになったのです。

蓮如という人は、浄土真宗の本願寺教団を強大にした一方で、法然から親鸞、唯円と伝承されてきた最も大事な教えを棚上げにしてしまいました。皮肉なことに、『歎異抄』の原本は現存しておらず、私たちが今、手にすることができるのは、蓮如の写本しかありません。この蓮如本から、近代の『歎異抄』研究が始まりました。『歎異抄』の公開を禁じた蓮如のおかげで『歎異抄』が伝わっているという皮肉なところもあるわけです。

その『歎異抄』が、近代になって清沢満之《きよざわまんし》に再発見されたことは、第1章で述べました。近代になると、国家や社会をその構成員の意思によって動かすことができるという思想が、まがりなりにも現れてきます。近代以前は、慈悲の実践は個人レベルにとどまっていましたが、時代とともに、社会的な活動へと変わっていったのです。その例として、高木顕明《たかぎけんみょう》という人物を紹介しましょう。

高木顕明は、一八六四年に愛知県で生まれ、真宗大谷派《しんしゅうおおたには》の学校を卒業し、東本願寺（京都市）の僧侶になりました。三十代半ばで入った浄泉寺（和歌山県新宮市《しんぐうし》）には、門徒として被差別部落出身の貧困者が多くいました。これを機に、高木は部落解放運動や廃娼《はいしょう》運動の先頭に立つようになります。

日露戦争が始まる一九〇四年頃からは、社会主義者と交流し始めました。とはいえ、彼自身は、「自分の反差別、反戦の運動は、社会主義ではなく阿弥陀仏の信心から生まれているのだ」とはっきり述べています。

しかし、一九一〇年の「大逆事件《たいぎゃくじけん》」で、高木は冤罪《えんざい》によって逮捕されてしまいます。明治天皇暗殺計画が発覚し、社会主義的活動に関わる人物が一斉に検挙されたのです。

彼は、多くの逮捕者と同じように死刑判決を受け、のち終身刑に減刑されるも、一九一四年、五十歳のときに監獄で自死しました。

高木は、逮捕された翌年の一九一一年、僧籍を剝奪《はくだつ》され、教団から追放されました。しかし、六〇年代に始まる真宗大谷派の同朋会《どうぼうかい》運動（教団に対する自己批判から始まった信仰復興運動）が進み、一九九六年に処分が取り消されます。さらに、「今後の教団は高木顕明の意志を引き継ぐ」という決意表明までなされました。実に八十五年ぶりに名誉を回復したわけです。

本願にもとづく平等性

高木顕明は、こう言っています。阿弥陀仏の慈悲をこうむると、阿弥陀仏が我々に対してなそうとしていることを我々はなし、阿弥陀仏の心をもって我が心とするようになるのだ、と。阿弥陀仏の慈悲を体得して、それを基準に生きようとしていたのです。

阿弥陀仏の慈悲の特色は「平等」にあります。慈悲は、平等にはたらくからこそ慈悲なのです。したがって、阿弥陀仏の慈悲を暮らしの基準にするということは、具体的には「平等」をものの見方の基準にするということです。高木は、まさに「阿弥陀仏の事業に参加」しようとしていたのです。

阿弥陀仏の慈悲の実践を自分の生き方とすることが、高木にとっての生きがいそのものでした。その実践の一つは非戦論、もう一つは社会的差別の全否定です。世界の平和を実現し、差別に苦しむ人々をなくすための活動に、彼は尽力しました。それは、阿弥陀仏の本願から見た人間の平等性に支えられていたからこそ生まれたのです。

阿弥陀仏の目から見れば、人は皆、同じです。いったん阿弥陀仏の本願を受け入れると、人間に共通するものが、はっきり見えてきます。たとえば、「人は煩悩的存在である」とか「固有の業縁《ごうえん》を背負っている」などという本質がわかれば、人は皆、平等だということがはっきりとします。

『歎異抄』第一条にも、「弥陀の本願には、老少善悪《ろうしょうぜんまく》のひとをえらばれず」とありました。「老少」は年齢の違い、「善悪」は道徳的観念の違いです。そのようなことは、人間社会では大きな問題ですが、阿弥陀仏の本願から見れば、たいした違いではありません。『歎異抄』には、最初から本願にもとづく平等性が強調されているのです。

差別をなくし、社会を変えようとした高木顕明の慈悲の実践は、近代以降だからこそ可能となりました。先に述べたように、近代という時代では、社会や国家のあり方は、その構成員の総意によって変えることができるという考え方が尊重されました。だからこそ、高木のような人物が生まれてきたのです。

慈悲の発現は人によって異なる

『歎異抄』では、阿弥陀仏の本願にもとづく念仏の説明に主力が注がれています。そのためもあって、本願念仏の実践によって、人々の心にどのような変化が生まれてくるか、については詳細な説明が不足しています。しかし、それは本願念仏の性格から言っても無理からぬことです。

阿弥陀仏の慈悲心は、称名念仏によって私たちに届くのですが、受け取る私たちは、さまざまな業縁《ごうえん》を背負って生きています。そのような多様な私たち一人一人に応じて、阿弥陀仏の心は文字どおり「攬入《らんにゅう》」してくるのです。したがって、阿弥陀仏の心の発現の仕方も一人一人異なります。同じ人間でも、ときところによって異なりさえするのです。

高木顕明のように、慈悲に反する社会現象に正面から立ち向かう場合もありますが、体制の中で生きのびるのに精一杯の場合もあるでしょう。しかし、本願念仏者の最終的なよりどころは念仏にあります。その「本願念仏」は、念仏者をして必ずなんらかの慈悲の実践に向かわせるのです。

第四条は、念仏が阿弥陀仏そのものであるがゆえに一貫した慈悲としてはたらくのだ、ということを述べています。私自身は凡夫で一貫した慈悲の実践など思いも及びませんが、念仏のおかげで、かすかであっても慈悲の実践が可能となるのです。私は念仏という仏道を歩んでいるのです。

終章

法然という「よき人」

法然の教え

『歎異抄』の作者は、親鸞の弟子の唯円です。『歎異抄』は、親鸞の死後二十六年を経た一二八八年頃に成立したのではないか、と言われています。法然が「専修念仏」に帰したのが一一七五年ですから、『歎異抄』はそれから百年以上を経て成立したことになります。その間、「専修念仏」の教えが法然から親鸞へ、親鸞から唯円へと、正確に伝承されてきたことが『歎異抄』を読むとよくわかります。

「専修念仏」がどうして成立したのか、振り返っておきましょう。法然が当時の仏教の最高学府である比叡山延暦寺で出家したのは、一一四七年頃、十五歳頃のことです。そして、四十三歳まで、延暦寺で修行に励んでいました。しかし、法然は当時の仏教のあり方に深い疑問をもつようになります。それは一言で言うと、万人の救済を実現する方法が見当たらないということでした。当時は、仏教を学ぶためには出家しなければならず、普通の暮らしをしている人々には仏教は遠い教えでした。そうした人々に届く教えはないものか、それが法然の問いだったのです。

法然は、膨大な経典を何度も読み直し、戒律を厳格に守り、万人が救われる道を模索しました。そしてついに、阿弥陀仏の教えに注目することになったのです。その教えは、阿弥陀仏の名である「南無阿弥陀仏」を唱《とな》えるならば、どんな人間でも死後、阿弥陀仏の国に生まれて仏になることができる、という教えです（法然によれば、「称」よりは「唱」の方が口に出す意味がはっきりするので「唱」を用いるということです。終章では、「唱」に統一しました）。法然は、この教えこそ万人が仏になることができる道だと確信して、「専修念仏」を説くに至ったのです。

「専修念仏」の「専修」はもっぱら修める、ということで、念仏だけを修める、ほかの行は実践しないという意味です。それは、「阿弥陀仏の本願」にもとづく念仏ですから「本願念仏」とも呼ばれます。

見放された人が救われていく

その念仏は、当時、どのような人々に強く支持されたのでしょうか。一言で言うと、社会の中で差別を受け、社会から疎外《そがい》されていた人々でした。『歎異抄』の第十三条には、そのような人々が登場しています。

うみかわに、あみをひき、つりをして、世をわたるものも、野やまに、ししをかり、とりをとりて、いのちをつぐともがらも、あきないをもし、田畠をつくりてすぐるひとも、ただおなじことなり。

（現代語訳）

「海川に網を引き、釣りをして世を渡ってゆく人も、野山に鹿《しか》や猪《いのしし》といった獣《けもの》を狩り、鳥を捕って、日々の糧《かて》とする人も、商売によって暮らす人も、田や畑をつくって世を渡る人も、暮らしはさまざまですが、どの暮らしが浄土往生に都合がよいというようなことはありません。阿弥陀仏の本願の不思議によって助けられるという点では変わるところはないのです」と聖人は教えられました。

狩猟や漁業、農業に従事している人々は、人々の暮らしを支えているにもかかわらず、当時の社会では差別されていました。しかし、阿弥陀仏の本願の前では、生業《なりわい》の違いはもとより、いかなる差別も問題にならないのです。苦しい差別にあえいでいた人々が、どれほどの喜びをもって法然の教えを受け入れたことか、想像に難くありません。

法然のもとには、さまざまな人が訪ねてきましたが、法然は、学者や地位のある人たちよりは、ほとんどなんの知識ももち合わせていない、「一文不知《いちもんふち》」の人を一番大切にされたといいます。法然にとっては、社会から見放された人々が救われていくこと、それが一番の喜びだったのです。

ありのままでよい

法然の見いだした「本願念仏」では、人は、「ありのまま、そのまま」で、念仏だけをすればよい、と説かれます。称名をする際に、特別の心構えも要求されません。普段の「ありのまま」で称名すればよいのです。

なぜ、「ありのまま」でよいのか。それは、「南無阿弥陀仏」が阿弥陀仏によって人間に与えられた行《ぎょう》であるところに理由があります。つまり、「南無阿弥陀仏」という六字には、それを唱える人間を浄土に導き、仏にするという力が初めからこめられているのです。したがって、人はただ「南無阿弥陀仏」と唱えるだけでよいのです。人間がとくに苦労して功徳《くどく》をつくる必要はないのです。

この点、法然の「専修念仏」が生まれるまでは、仏教はすべて修行者に努力を要求していました。修行者たちが困難な修行を実践することによって「悟り」につながる成果をあげることが仏教でした。

たしかに、称名も初めは努力をしなければ唱えられないので、修行の一つと思われるかもしれません。しかし、努力を要する修行と、阿弥陀仏の名を唱えること、この二つの間には大きな違いがあります。繰り返しますが、いわゆる修行は、当人が努力して修行を重ねないと効果が生まれません。一方、「南無阿弥陀仏」には、阿弥陀仏の力がそなわっていて、唱えるだけで浄土に生まれて仏になるという効果を手にすることができるのです。

こうした違いは、別の言葉で言うと、「自力」と「他力」の違いになります。「他力」とは、阿弥陀仏の力のことです。自分が救われるために阿弥陀仏の力を頼む、それが「他力」の仏教、「本願念仏」です。一方、「自力」の仏教では、修行者が自らの力によって「悟り」を目指さなければなりません。能力のある人には可能かもしれませんが、日常生活に追われている多くの人々には、「自力」のカリキュラムを実行していくのは難しいことです。

それだけではありません。「自力」の修行を困難にしている理由は、他にもあります。それは、いくら修行する気持ちになっても、身体がついてこないとか、修行を課しても、それを裏切る自分がいるという問題です。修行をするうえで大事なことは、自分をコントロールすることですが、それが難しいのです。というのも、私たちは、自分のことながら自分の本当のすがたがわかっているわけではないからです。自分の中には、自分も知らない何人もの自分がいて、それが自分を裏切るのです。

こうなると、「自力」の仏教の修行が一段と難しくならざるを得ません。こうした、私の中にある矛盾、あるいは無力に気づいたとき、「他力」の仏教が意味をもってきます。阿弥陀仏の名を唱えさえすればよいのですから。

ただ、「他力」という言葉の使い方には注意が必要です。というのも、普段の暮らしの中で、もし「他力」という言葉を使うなら、あの人はなんと無責任な人か、と非難を受けるからです。「他力」は、あくまでも仏教用語なのです。

「本願念仏」は「他力」の仏教ですから、私たちはただ、ひたすら、ありのままの自分のすがたで、唱えるだけでよいのです。特別の心構えは必要なく、ましてや「善人」になる必要もありません。それが「専修念仏」、「本願念仏」なのです。

確信と不安の両方を認める

『歎異抄』と同じ頃に成立したと言われている、『一言芳談《いちごんほうだん》』という書物があります。そこには、法然の教えを受けた弟子たちの話がありますが、その中に、次のようなエピソードがあります。

あるとき、法然上人がつぶやいていらっしゃいました。「ああ、今度こそは往生を成し遂げたいものだ」、と。それを聞いていた弟子が質問します。「法然上人でも、このような自信のないことをおっしゃるのですか。それならば、私たちが往生について不安になるのも当たり前ですね」、と。

その時、法然上人はちょっとお笑いになって、次のようにお答えになりました。

「浄土の蓮《はす》の台《うてな》に乗るまでは、こうした不安げな気持ちはなくなることはないのですよ」、と。

阿弥陀仏の物語によれば、浄土に生まれるときには、蓮の花の台の中に生まれるとされます。その台に乗るまでは、つまり浄土に生まれるまでは、自分は本当に往生できるのだろうか、確実に浄土に行けるのか、といった気持ちは続くものなのだ、と法然は言うのです。

このエピソードは、何を意味しているのでしょうか。法然の洩《も》らしたという不安は、阿弥陀仏の本願の教えに納得していないから生まれているのではありません。法然は、阿弥陀仏の本願の教え、つまり、「凡夫」である人間が仏道を歩んでいくには、阿弥陀仏の名前を唱えるしかないということには、いささかの疑いももっていません。しかし、未経験なことについては、不安がつきものだと言うのです。浄土に生まれるということは、文字どおり未経験なことです。

ですから、本願の教えに対する確信がある一方で、浄土に生まれることをめぐって不安があっても、それは不思議ではないのです。私たちのありのままのすがたを認めるところに、本願念仏の価値があるのです。

「よき人」を見つける

私たちが「本願念仏」を受け入れる場合に大事なことは、実際に「本願念仏」に生きている人から、直《じか》に「本願念仏」とはどのような教えであるのかについて聞くことです。大切な真理を身につけるためには、その真理を体得した人に直に教えを乞《こ》う、ということは鉄則と言ってもよいでしょう。本当のことは、一対一になって、ギリギリのところで確かめ合うという経験がないと伝わらないものです。私たちは、そういうコミュニケーションの仕方を忘れて久しいのではないでしょうか。

「よき人」は、求める人が決めるものです。「よき人」は、初めから決まっているわけではなく、求める立場に応じて決まってゆくものなのです。求める人にとって、自分の求める気持ちの中で生じる疑問に納得のゆく説明をしてくれる人が、結果的に「よき人」になるのです。

その際、大事なことは、自分の中に生じる疑いがなくなるまで問いただすことです。第1章で紹介したように、親鸞は、百日もの間、法然のもとに通い続けましたが、それは、法然の教えに心底納得するためでした。そして、数々の疑問が氷解《ひょうかい》したとき、初めて、親鸞は法然の門に入ったのです。

このように、求道において大事なことは、ただ答えを待っているというのではなく、自分の疑問が解けるまでどこまでも聞き、問いただしてゆく、という積極的な姿勢です。聞くということは、自分が目覚めていくことでもあります。「よき人」と出遇えるかどうか、それはひとえに私のありよう次第なのです。

参考文献一覧

『歎異抄新註』多屋頼俊　法藏館　一九三九年
『歎異抄聴記』曽我量深　大谷出版協会　一九四七年
『曽我量深説教集　1』曽我量深　西谷啓治他編　法藏館　一九七五年
『歎異抄全講読』安良岡康作　大蔵出版　一九九〇年
『歎異抄講話　高倉会館法話集』（全四巻）廣瀬杲　法藏館　一九九四年

自著
『人はなぜ宗教を必要とするのか』ちくま新書　一九九九年
『無宗教からの『歎異抄』読解』ちくま新書　二〇〇五年
『歎異抄　大文字版』ちくま学芸文庫　二〇〇九年

阿満利麿（あま・としまろ）
1939年生まれ。京都大学教育学部卒業後、NHK入局。社会教養部チーフ・ディレクター、明治学院大学国際学部教授を経て、明治学院大学名誉教授。日本宗教思想史専攻。著書に『行動する仏教 法然・親鸞の教えを受けつぐ』『親鸞・普遍への道 中世の真実』『親鸞からの手紙』（ちくま学芸文庫）、『日本人はなぜ無宗教なのか』（ちくま新書）、『教行信証』入門』（筑摩書房）、『法然を読む「選択本願念仏集」講義』『選択本願念仏集 法然の教え』（角川ソフィア文庫）など。

宗教のきほん
歎異抄にであう

2024年5月30日　第1刷発行

著者　阿満利麿

発行者　松本浩司
発行所　NHK出版
〒150-0042
東京都渋谷区宇田川町10-3
電話　0570-009-321（問い合わせ）
0570-000-321（注文）
ホームページ　https://www.nhk-book.co.jp

印刷・製本　光邦

Printed in Japan　ISBN978-4-14-081963-0 C0315